영상으로 체험하는
뽐뽐 중국어

알콩달콩 일상편

지은이 김안나
펴낸이 정규도
펴낸곳 (주)다락원

초판 1쇄 발행 2018년 11월 9일

편집총괄 최운선
기획편집 김유진
디자인 윤미주, 임미영
일러스트 윤미주

다락원 경기도 파주시 문발로 211
내용문의 (02) 736-2031 내선 273
구입문의 (02) 736-2031 내선 250~252
Fax (02) 732-2037
출판등록 1977년 9월 27일 제406-2008-000007호

Copyright © 2018, 김안나

저자 및 출판사의 허락 없이 이 책의 일부 또는 전부를 무단 복제·전재·발췌할 수 없습니다. 구입 후 철회는 회사 내규에 부합하는 경우에 가능하므로 구입 문의처에 문의하시기 바랍니다. 분실·파손 등에 따른 소비자 피해에 대해서는 공정거래위원회에서 고시한 소비자 분쟁 해결 기준에 따라 보상 가능합니다. 잘못된 책은 바꿔 드립니다.

값 13,000원
ISBN 978-89-277-4720-8 18720

http://www.darakwon.co.kr
다락원 홈페이지를 통해 인터넷 주문을 하시면 자세한 정보와 함께 다양한 혜택을 받으실 수 있습니다.

김안나 지음 / 원어민 王海新 감수

이제 중국어도
영상으로 체험하면서
공부하세요!

중국 현지에서 촬영한 리얼 중국어!
현직 중국어 교사의 친절하고 쉬운 설명!
인기 BJ 페이의 귀에 쏙쏙 박히는 강의!

중국어를 뽑게 하는 지은이의 말

중국어 공부,
맥락 없이 따분하게 문형만 암기하고 계시나요?

왕초보지만, 중국 드라마로 재미있게 공부하고 싶은 사람!
실생활에서 바로 쓸 수 있는 중국어를 배우고 싶은 사람!
이 분들을 위해 만들었습니다.

　이 책의 주인공 유나는 한국에서 간단한 중국어를 배우고 중국으로 유학 간 학생입니다. 그리고 중국에서 중국인 친구 왕후이를 만나 다양한 대화를 하며 중국어 실력을 키워 나가죠. 왕초보 유나가 중국어로 연애하고, 취직해서 중국어로 밥 벌어먹기까지, 유나의 중국 생활이 앞으로 어떻게 전개될지 기대해 주세요.

　이 책 한 권이면 누구나 독학으로 중국어를 시작할 수 있습니다. 중국인의 연기를 보고, 듣고, 따라 말하며, 실제 중국인과 대화하듯 연습해 보세요. 영상 속 주인공이 되어 들리는 대로 자신 있게 뽑어내다 보면 실제 상황에서도 자연스러운 중국어를 구사할 수 있게 됩니다.

　필자는 중국에 유학 갔을 때, 중국인들의 빠른 말 속도에 당황하기 일쑤였습니다. 누구도 교재 속 녹음 파일처럼 또박또박 천천히 말해 주지 않았죠. 말 속도에 적응하기 위해서는 중국인과 많이 대화하며 그냥 부닥치는 수밖에 없었습니다. 이 책의 영상 속 주인공들은 실제 말 속도로 자연스럽게 대화하고 있습니다. 처음에는 조금 빠르고 어렵다고 느낄 수 있지만, 그냥 부닥쳐 보세요! 진짜 중국인과 대화하는 것 같은 경험을 할 수 있습니다.

　이 책은 13년 지기 친구이자 감수자인 왕하이씬(王海新) 선생님과 많은 이야기를 나누며 만들었습니다. 생생한 표현을 담기 위해 꼼꼼하게 감수해 주신 왕하이씬 선생님께 진심으로 감사의 말을 전합니다. 그리고 늘 좋은 책을 만들기 위해 노력하시는 편집자 김유진 님, 언제나 열정 넘치는 BJ 페이 님께도 진심으로 감사드립니다.

지은이 김안나 씀

차 례

중국어 상식 한 발짝 ·········· 14

중국어 발음 두 발짝 ·········· 15

중국어 완벽 포인트 세 발짝 ·········· 22

01 안부를 묻다 这两天你过得怎么样? ·········· 29

02 한국과 중국의 밸런타인데이
   在韩国，情人节女的送男的巧克力。 ·········· 41

03 데이트를 신청하다 后天晚上你有时间吗? ·········· 53

04 고백하다 其实我对你一见钟情。 ·········· 65

05 다이어트를 하다 从今天开始我要减肥! ·········· 77

06 함께 등교하다 我们边走边吃吧。 ·········· 91

07 아픈 여자 친구를 보살피다 你应该回家休息。·········· 103

08 용돈을 다 쓴 여자 친구 我没有钱买新的。·········· 115

09 친구에게 축하를 받다 恭喜恭喜！·········· 127

10 초록색 모자를 쓴다는 것
亲爱的! 你不要戴绿帽子！·········· 139

11 한국 음식을 만들어 주다 今天我为你做饭！·········· 151

12 이별을 준비하다 时间过得真快啊！·········· 163

15일 완성! 학습 스케줄

DAY 1

중국어 상식과 발음 ······································ ☐
- 중국어 상식 한 발짝
- 중국어 발음 두 발짝
- 중국어 완벽 포인트 세 발짝

DAY 2

01 안부를 묻다 ······································ ☐
- 这两天你过得怎么样?
- 这儿的生活还习惯吗?

😃 뿜뿜 대화 체험하기 ······································ ☐

DAY 3

02 한국과 중국의 밸런타인데이 ······ ☐
- 在韩国,情人节女的送男的巧克力。
- 在中国,只有男的送女的礼物。

😃 뿜뿜 대화 체험하기 ······································ ☐

DAY 4

03 데이트를 신청하다 ···················· ☐
- 后天晚上你有时间吗?
- 我们一起吃晚饭吧。
- 你有没有想去的地方?

😃 뿜뿜 대화 체험하기 ······································ ☐

DAY 5

04 고백하다 ······································ ☐
- 这是我送你的玫瑰花。
- 其实我对你一见钟情。
- 你愿意做我的女朋友吗?

😃 뿜뿜 대화 체험하기 ······································ ☐

DAY 6~7

05 다이어트를 하다 ···················· ☐
- 今天我不吃饭了。
- 从今天开始我要减肥!
- 我来中国以后胖了六斤!

😃 뿜뿜 대화 체험하기 ······································ ☐

DAY 8

06 함께 등교하다 ······················ ☐
- 我在外面等着你呢。
- 别着急!你慢慢来吧!
- 真不好意思,让你久等了。
- 我们边走边吃吧。

😃 뿜뿜 대화 체험하기 ······································ ☐

✓ 매일매일 학습 기록을 체크해 보세요.

DAY 9

07 아픈 여자 친구를 보살피다 ………… ☐

- 你怎么了？哪儿不舒服？
- 你好像感冒了！
- 你应该回家休息。
- 我来照顾你吧。

😀 뿜뿜 대화 체험하기 ………………… ☐

DAY 10

08 용돈을 다 쓴 여자 친구 ………… ☐

- 我想买一辆自行车。
- 我没有钱买新的。
- 怎么回事啊？
- 你把零花钱都花光了？

😀 뿜뿜 대화 체험하기 ………………… ☐

DAY 11

09 친구에게 축하를 받다 ………… ☐

- 我们俩谈恋爱了！
- 恭喜恭喜！
- 都托你的福！

😀 뿜뿜 대화 체험하기 ………………… ☐

DAY 12~13

10 초록색 모자를 쓴다는 것 ………… ☐

- 亲爱的！你不要戴绿帽子！
- 在中国，'戴绿帽子' 指的是妻子劈腿了。
- 你相信我，不会背叛你的。

😀 뿜뿜 대화 체험하기 ………………… ☐

DAY 14

11 한국 음식을 만들어 주다 ………… ☐

- 今天我为你做饭！
- 我最拿手的菜是炒年糕和泡菜炒饭！
- 你尝一尝！怎么样？
- 好吃到哭！

😀 뿜뿜 대화 체험하기 ………………… ☐

DAY 15

12 이별을 준비하다 ………… ☐

- 时间过得真快啊！
- 你别离开我！
- 我得暂时离开你了。
- 我们很快会再见面的！

😀 뿜뿜 대화 체험하기 ………………… ☐

이 책의 구성

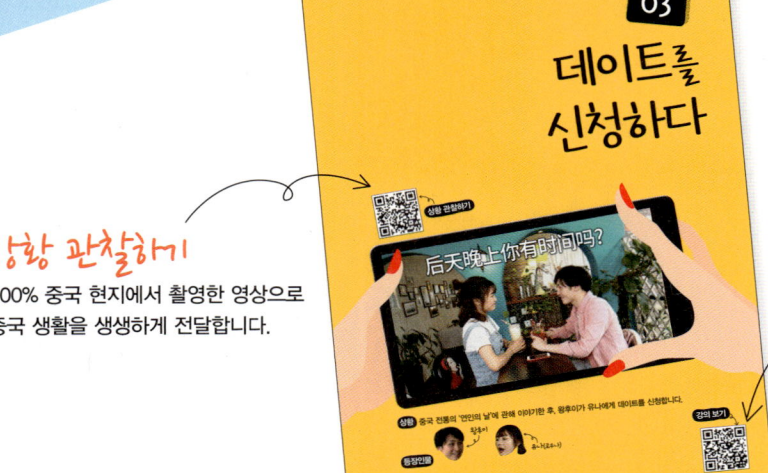

상황 관찰하기
100% 중국 현지에서 촬영한 영상으로 중국 생활을 생생하게 전달합니다.

강의 보기
BJ 페이가 영상 속 문장을 똑 부러지고 재미있게 강의해 줍니다.

단어장
본문 내용과 예문에 포함된 단어가 제시됩니다.

대화 내용 확인하기
영상 속 대화 내용과 발음을 보여 줍니다. ⊕MP3

아하! TIP
알고 나면 중국어 실력 쑥쑥 오르는 진짜 중국어 팁을 줍니다.

나만의 과외 선생님
방문 교사처럼 하나하나 짚어 가며 어법을 쉽게 설명합니다.

일러두기
한글 발음 표기는 외래어 표기법을 따르지 않고, 중국어 발음 규칙에 따라 최대한 원음에 가깝게 표기하였습니다. MP3 음성을 통해 정확한 발음을 확인하시기 바랍니다.

11

#3 시간 좀 내줘요.

#4 나랑 놀아요.

너 뭐 하고 있어?
你在干什么呢?

나 공부하고 있어.
我在学习呢。

너 밥 먹었어?
你吃饭了吗?

나 아직 밥 안 먹었어.
我还没吃饭。

우리 같이 밥 먹자!
我们一起吃饭吧!

좋아! 우리 몇 시에 만날까?
好!我们几点见?

12시 반, 어때?
12点半,怎么样?

좋아! 그럼 우리 이따가 만나!
好!那我们一会儿见!

너 이화원 가 봤어?
你去过颐和园吗?

나 아직 안 가 봤어.
我还没有去过。

이화원은 여기에서 멀어?
颐和园离这儿远吗?

별로 안 멀어.
不太远。

주말에 우리 같이 놀러 가자!
周末我们一起去玩儿吧!

좋아! 약속한 거다!
好啊!一言为定!

그럼 우리 어떻게 가지?
那我们怎么去?

버스 타고 가자.
坐公共汽车去吧。

중국어 상식 한 발짝

1. 중국어 vs. 한어

중국에서는 중국어를 '한어(汉语 Hànyǔ)'라고 해요. 중국 인구의 대다수를 차지하는 '한족(汉族 Hànzú)이 사용하는 언어'라는 뜻이에요.

2. 방언 vs. 보통화

중국은 영토가 넓고 다양한 민족이 살고 있어서 각 지역의 '방언(方言 fāngyán)'이 거의 외국어처럼 느껴질 정도로 서로 알아듣기 힘들어요. 그래서 표준 중국어인 '보통화(普通话 pǔtōnghuà)'를 보급하여 사용하고 있어요.

3. 번체자 vs. 간체자

'번체자(繁体字 fántǐzì)'는 우리나라, 홍콩, 대만 등에서 사용하는 모양이 복잡한 한자이고, 중국에서 사용하는 '간체자(简体字 jiǎntǐzì)'는 복잡한 한자의 획을 간단하게 만든 한자예요.

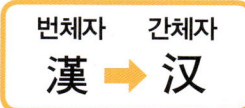

4. 한어 병음

한자는 뜻글자이기 때문에 한자를 읽기 위해서는 발음 기호가 필요해요. 그래서 알파벳으로 발음을 표기하는데, 이 중국어 발음 표기법을 '한어 병음(汉语拼音 Hànyǔ Pīnyīn)'이라고 해요. 한어 병음은 성조, 성모, 운모로 이루어져 있어요.

성조는 음의 높낮이를 나타내고, 성모는 한글의 '자음', 운모는 '모음'과 비슷하다고 생각하면 쉬워요. 한글과 다른 점으로는 '한'에서 자음이 'ㅎ', 'ㄴ'이고 모음이 'ㅏ'라면, 한어 병음 'hàn'에서 성모는 'h(음절의 첫소리 자음)'이고, 운모는 'an(성모를 제외한 나머지)'이에요.

중국어 발음 두 발짝

1 성조

음원듣기 Track 01

1성	2성	3성	4성
ā	á	ǎ	à
높은음을 평평하고 길게 낸다.	중간음에서 높은음으로 올린다.	깊게 낮은음으로 내렸다가 올린다.	높은음에서 낮은음으로 빠르게 내린다.

▶ 같은 음절이라도 성조가 다르면 뜻이 달라져요.

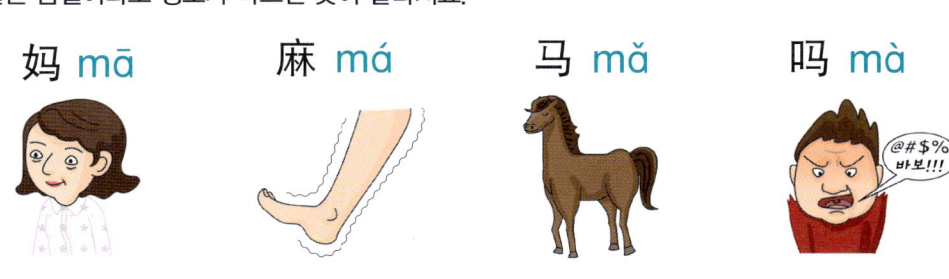

妈 mā 麻 má 马 mǎ 吗 mà

음원듣기 Test 01

녹음을 듣고, 발음에 해당하는 성조를 표시해 보세요.

1. a   2. a   3. a   4. a

정답 1. ǎ 2. à 3. á 4. ā

2 성모

성모는 음절의 첫소리 자음에 해당하며 모두 21개가 있어요. 우리말에서 'ㄱ'을 '기역'이라고 읽듯이, 성모를 읽을 때는 운모와 결합해서 읽어 줘요.

b	p	m
bo	po	mo
뽀어	포어	모어

- 두 입술을 붙였다 떼면서 발음해요.
- 운모 'o'와 결합하여 발음하는데, 운모 'o'는 '오어'라고 발음해요.

f
fo
포어

- 윗니를 아랫입술에 살짝 대었다 떼면서 발음해요.
- 운모 'o'와 결합하여 발음해요.

d	t	n	l
de	te	ne	le
뜨어	트어	느어	르어

- 혀끝을 윗니 안쪽에 붙였다 떼면서 발음해요.
- 운모 'e'와 결합하여 발음하는데, 운모 'e'는 '으어'라고 발음해요.

g	k	h
ge	ke	he
끄어	크어	흐어

- 혀뿌리 부분에서 트림하듯이 걸쭉하게 발음해요.
- 운모 'e'와 결합하여 발음해요.

중국어 발음 두 발짝

음원 듣기 **Track 02**

j	q	x
ji	qi	xi
찌(지)	치	씨(시)

- 혀 앞부분을 입천장 앞쪽에 붙였다 떼거나 가까이 대고 발음해요.
- 운모 'i'와 결합하여 발음해요.

zh	ch	sh	r
zhi	chi	shi	ri
즈	츠	스	르

- 혀끝을 들어 올려 살짝 말듯 입천장에 가까이 대고 발음해요.
- 운모 'i'와 결합하여 발음하는데, zh, ch, sh, r 뒤에 오는 'i'는 '으'로 발음해요.

z	c	s
zi	ci	si
쯔	츠	쓰

- 혀끝을 윗니 뒤쪽에 붙였다 떼면서 발음해요.
- 운모 'i'와 결합하여 발음하는데, z, c, s 뒤에 오는 'i'는 '으'로 발음해요.

음원 듣기 **Test 02**

녹음을 듣고, 발음에 해당하는 성모를 둘 중에 골라 체크해 보세요.

1. p ☐ f ☐   2. l ☐ r ☐   3. q ☐ c ☐   4. zh ☐ z ☐

정답 1. f 2. r 3. q 4. zh

17

3　운모

운모는 음절에서 성모를 제외한 나머지 부분으로, 모두 36개가 있어요. 운모는 성모 없이 운모만 단독으로 쓰일 수도 있어요. 가장 기본이 되는 운모 6개부터 살펴볼까요?

기본운모

a
아

- 입을 크게 벌리고 '아'라고 발음해요.
  - 예) à 아, dà 따

o
오어

- 입술을 동글게 했다가 살짝 펴면서 '오어'라고 발음해요.
  - 예) ò 오어, pò 포어

e
으어

- '으'에서 '어'로 빠르고 자연스럽게 옮기며 '으어'라고 발음해요.
  - 예) è 으어, gē 끄어

i
이

- 입을 길게 벌리며 '이'라고 발음해요.
- 성모 없이 단독으로 쓰일 때는 앞에 'y'를 붙여 줘요.
- 성모 zh, ch, sh, r, z, c, s 뒤에 오는 'i'는 '으'로 발음해요.
  - 예) yī 이, jī 찌, sì 쓰

u
우

- 입을 동그랗게 만들어 '우'라고 발음해요.
- 성모 없이 단독으로 쓰일 때는 앞에 'w'를 붙여 줘요.
  - 예) wǔ 우, kū 쿠

ü
위

- 입을 동그랗게 한 상태에서 '위'라고 발음해요. 이때 입술 모양은 움직이지 않고 그대로 유지해요.
- 성모 없이 단독으로 쓰일 때는 앞에 'y'를 붙이고 위의 두 점을 빼 줘요.
- 성모 j, q, x가 운모 ü와 결합하면 위의 두 점은 빼고 표기해요.
  - 예) yú 위, nǚ 뉘, qù 취

중국어 발음 두 발짝

🎧 Track 03

🔴 **복운모** 기본 운모가 2개 합쳐진 운모예요.

ai	**ei ★**	**ao**	**ou**
아이	에이	아오	오우
예 ǎi 아이 mài 마이	예 èi 에이 gěi 게이	예 áo 아오 pǎo 파오	예 ǒu 오우 kǒu 코우

★ e가 i나 ü와 결합할 때는 '에'로 발음해요.

🔴 **비운모** 콧소리가 나는 운모로, 'ㄴ'이나 'ㅇ' 받침이 들어 있는 운모예요.

an	**en**	**ang**	**eng**	**ong**
안	언	앙	엉	옹
예 àn 안 màn 만	예 ēn 언 hěn 헌	예 áng 앙 bāng 빵	예 èng 엉 fēng 펑	예 hóng 홍

🔴 **권설운모** 혀를 말아서 발음하는 운모예요.

er
얼

예 èr 얼

19

결합운모 i, u, ü가 다른 운모와 결합하여 만들어진 운모예요.

(1) i와 결합한 운모

ia ★	ie ★	iao	iou(iu) ★
이아	이에	이아오	이오우(이우)
예 yā 야	예 yě 이에	예 yào 야오	예 yǒu 요우
jiā 찌아	xiè 씨에	jiào 찌아오	qiú 치우

- 성모 없이 단독으로 쓰일 때는 i를 y로 바꾸어 표기하고, in과 ing은 앞에 'y'를 붙여 줘요.

★ e가 i나 ü와 결합할 때는 '에'로 발음해요.
★ '성모 + iou'일 때는 o를 생략하고 iu로 표기해요. o가 생략됐지만, 약하게 o발음을 해 줘요.

ian ★	iang	in	ing	iong
이앤	이앙	인	잉	이옹
예 yán 앤	예 yáng 양	예 yín 인	예 yīng 잉	예 yòng 용
jiàn 찌앤	xiǎng 시앙	nín 닌	qǐng 칭	xiōng 씨옹

★ ian은 '이안'이 아니라 '이앤'으로 발음해요.

(2) u와 결합한 운모

ua	uo	uai	uei(ui)★
우아	우어	우아이	우에이(우이)
예 wā 와 huā 후아	예 wǒ 워 guó 구어	예 wài 와이 kuài 쿠아이	예 wéi 웨이 guì 꾸이

- 성모 없이 단독으로 쓰일 때는 u를 w로 바꾸어 표기해요.
★ '성모+uei'일 때는 e를 생략하고 ui로 표기해요. e가 생략됐지만, 약하게 e 발음을 해 줘요.

uan	uang	uen(un)★	ueng
우안	우앙	우언(운)	우엉
예 wàn 완 chuān 추안	예 wáng 왕 huáng 후앙	예 wèn 원 kùn 쿤	예 wēng 웡

★ '성모+uen'일 때는 e를 생략하고 un으로 표기해요. e는 생략됐지만, 약하게 e 발음을 해 줘요.

(3) ü와 결합한 운모

- 성모 없이 단독으로 쓰일 때는 ü를 yu로 바꾸어 표기해요.
★ üan은 '위안'이 아니라 '위앤'으로 발음해요.
★ e가 i나 ü와 결합할 때는 '에'로 발음해요.
★ 성모 j, q, x가 운모 ü와 결합하면 ü의 두 점은 빼고 표기해요.

중국어 완벽 포인트 세 발짝

1 한어 병음 표기 규칙

(1) 기본운모 i, u, ü가 성모 없이 쓰일 때는 각각 yi, wu, yu로 표기해요.

(2) i결합운모가 성모 없이 쓰일 때는 i를 y로 바꾸어서 표기해요. (in, ing은 yin, ying으로 표기)
u결합운모가 성모 없이 쓰일 때는 u를 w로 바꾸어서 표기해요.
ü결합운모가 성모 없이 쓰일 때는 ü를 yu로 바꾸어서 표기해요.

(3) j, q, x가 ü와 결합할 때는 두 점을 빼고 u로 표기해요.

(4) iou, uei, uen이 성모와 결합할 때는 각각 iu, ui, un으로 표기해요.

(5) 2음절 이상의 단어에서 중간에 음절이 'a, o, e'로 시작되면 앞의 음절과 이어 읽지 말라는 의미로 격음부호(')를 붙여 줘요.
예 晚安 wǎn'ān, 海鸥 hǎi'ōu, 女儿 nǚ'ér

음원 듣기 Test 03

녹음을 듣고, 발음에 해당하는 병음을 빈칸에 써 보세요.

1. ☐ī   2. ☐ǔ   3. ☐òng   4. ☐án   5. j☐   6. q☐n   7. n☐ú   8. g☐n

정답 1. y 2. w 3. y 4. yu 5. ù 6. ú 7. i 8. ù

---

2 성조 표기 규칙

(1) 성조는 운모 위에 표기해요. 예 bà

(2) i 위에 성조를 표기할 때는 위의 점을 빼고 표기해요. 예 nǐ

(3) 운모가 두 개 이상일 경우에는 입이 크게 벌어지는 순서로 표기해요.

a > o, e > i, u, ü

예 gāo, xiàn, hòu, jiě, lüè

(4) i와 u가 같이 있을 경우에는 뒤에 표기해요. 예 liù, duì

음원 듣기 Test 04

녹음을 듣고, 발음에 해당하는 성조를 표시해 보세요.

1. xiao   2. gou   3. zui   4. xue

정답 1. xiāo 2. gǒu 3. zuì 4. xué

3 경성

음원듣기 Track 05

원래 모든 한자는 고유의 성조를 가지고 있지만, 단어 또는 문장 속에서 본래의 성조를 잃고 짧고 약하게 발음하는 경우가 있는데 이것을 경성이라고 해요. 경성은 성조를 표기하지 않으며, 앞 음절에 따라 성조의 음높이가 달라져요.

음원 듣기 Test 05

녹음을 듣고, 발음에 해당하는 성조를 표시해 보세요.

1. pengyou   2. jiejie   3. gege   4. didi

정답 1. péngyou 2. jiějie 3. gēge 4. dìdi

4 성조 변화

(1) 3성의 성조 변화

3성과 3성이 연이어 나오면 앞의 3성은 2성으로 발음해 주세요.

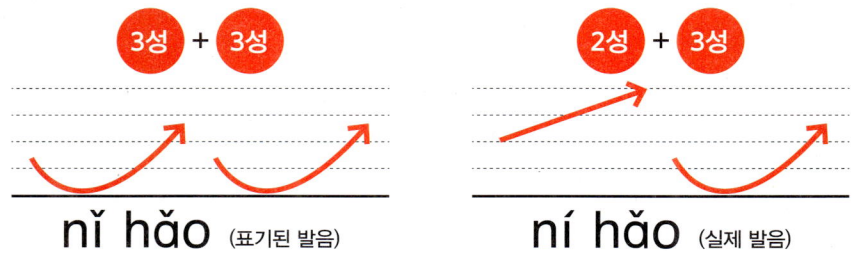

3성 뒤에 1성, 2성, 4성, 경성이 오면 앞의 3성은 반3성으로 발음해 주세요.
반3성은 내려갔다가 올라오는 음 중에서 내려가는 음, 즉 앞부분의 반만 발음하는 거예요.

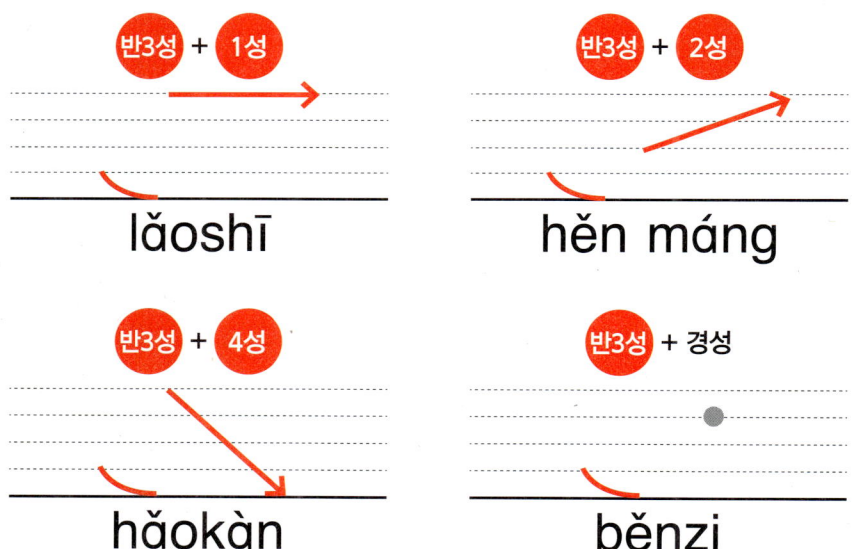

(2) '不'의 성조 변화

'아니다'라는 뜻의 한자 '不'의 발음은 4성 'bù'지만 뒤에 4성이 나올 경우 2성 'bú'로 발음해요. 한어 병음은 변화된 성조로 표기해요.

- 不 + 吃 = 不吃
  bù + chī = bù chī

- 不 + 忙 = 不忙
  bù + máng = bù máng

- 不 + 好 = 不好
  bù + hǎo = bù hǎo

- 不 + 要 = 不要
  bù + yào = bú yào

- 不 + 看 = 不看
  bù + kàn = bú kàn

(3) '一'의 성조 변화

'一'의 발음은 1성 'yī'지만 뒤에 4성이나 경성이 나올 경우 2성 'yí'로 발음해요.
한어 병음은 변화된 성조로 표기해요.

- 一 + 下 = 一下
  yī + xià = yíxià

- 一 + 个 = 一个
  yī + ge = yí ge

'一' 뒤에 1성, 2성, 3성이 나올 경우에는 4성 'yì'로 발음해요.
한어 병음은 변화된 성조로 표기해요.

- 一 + 天 = 一天
  yī + tiān = yì tiān

- 一 + 年 = 一年
  yī + nián = yì nián

- 一 + 起 = 一起
  yī + qǐ = yìqǐ

'一'가 단독으로 또는 맨 끝에 쓰이거나 순서를 나타낼 때는 성조가 변하지 않아요.

- 十一
  11
  shíyī

- 第一课
  제1과
  dì yī kè

- 一月
  1월
  yī yuè

(4) '얼화(儿化)' 발음

'儿'의 원래 발음은 'ér'이지만, 다른 글자 뒤에 접미사로 쓰일 때는 한어 병음 'r'만 붙여 주고 혀를 말아서 발음해 주는데 이를 '얼화'라고 해요. 북방 지역 사람들은 특히 습관적으로 많은 단어를 '얼화'해서 발음해요. '儿'이 붙으면 작고 귀여운 느낌을 더해 주기도 하고, 단어의 뜻이 바뀌기도 하고, 품사가 바뀌기도 해요.

- 这 + 儿 = 这儿
  zhè + ér = zhèr 쩔

- 玩 + 儿 = 玩儿
  wán + ér = wánr 왈 – 발음할 때 n이 탈락함.

- 事 + 儿 = 事儿
  shì + ér = shìr 셜 – 발음할 때 i가 탈락하고 e가 추가됨.

- 盖 + 儿 = 盖儿
  gài + ér = gàir 깔 – 발음할 때 i가 탈락함.

※ 발음 규칙을 다 외우려고 하기보다는 문장 속에서 자연스럽게 익히는 게 가장 좋아요! 부담 갖지 말고, '이런 것이 있구나!' 정도로만 알고 넘어가면 돼요.

읽기 연습

bōli 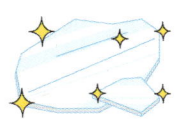 유리	pòchǎn  파산하다	mónǚ  마녀	fójiào  불교
déguó  독일	tèpàiyuán  특파원	niúnǎi  우유	lǎoshī  선생님
gēge  오빠, 형	kělè  콜라	héshuǐ  강물	jiā  집
qián  돈	xīguā  수박	zhìshāng  IQ	chìbǎng  날개
shítou  돌	zìjǐ  자기 자신	cídiǎn  사전	sì  숫자 4

듣기 연습

1. 녹음을 듣고, 둘 중 해당하는 발음에 체크해 보세요. 음원듣기 Test 06

(1) nǔsè ☐   lǜsè ☐
(2) rìběn ☐   lìběn ☐
(3) chīpàn ☐   chīfàn ☐
(4) qǐchuáng ☐   cǐchuáng ☐

2. 녹음을 듣고, 둘 중 해당하는 발음에 체크해 보세요. 음원듣기 Test 07

(1) gēn ☐   gēr ☐
(2) wánr ☐   wán ☐
(3) yīfu ☐   yīfù ☐
(4) mèiměi ☐   mèimei ☐

3. 녹음을 듣고, 발음에 해당하는 성조와 운모를 함께 채워 보세요. 음원듣기 Test 08

(1) b ☐ q ☐
(2) xu ☐ x ☐
(3) qi ☐ ti ☐ n ☐
(4) ch ☐ ng g ☐ ng

4. 녹음을 듣고, 발음에 해당하는 한어 병음을 써 보세요. 음원듣기 Test 09

(1) _____

(2) _____

정답 1. (1) lǜsè (2) rìběn (3) chīfàn (4) qǐchuáng
2. (1) gēr (2) wánr (3) yīfu (4) mèimei
3. (1) ú, ù (2) é, í (3) ǔ, ā (4) é, ō
4. (1) zhōngguó (2) hěn dà

숫자 표현

중국에서는 1부터 10까지의 숫자를 한 손으로 나타내요.

一 yī 　　二 èr 　　三 sān 　　四 sì

五 wǔ 　　六 liù 　　七 qī 　　八 bā

九 jiǔ 　　十 shí

잰말놀이 ∞

四是四，十是十，十四是十四，四十是四十。

sì shì sì, shí shì shí, shísì shì shísì, sìshí shì sìshí.

4는 4이고, 10은 10이고, 14는 14이고, 40은 40이다.

안부를 묻다

상황 관찰하기

상황 학교에서 우연히 만난 장 선생님과 유나가 대화를 나눕니다.

등장인물 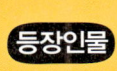 장 선생님   유나(로우나)

강의 보기

대화 내용 확인하기 〔음원 듣기 1-1〕

▶ MP3 음원을 들으며 대화 내용과 발음을 확인해 보세요.

쩌량티앤 니 꾸어 더 전머양?
这两天你过得怎么样?

워 꾸어 더 헌 카이씬!
我过得很开心!

쩔 더 성후어 하이 시꾸안 마?
这儿的生活还习惯吗?

이징 시꾸안 러.
已经习惯了。

니 라이 쫑구어 뚜어지우 러?
你来中国多久了?

쿠아이 싼 거 위에 러.
快三个月了。

니 한위 쉬에 러 뚜어창 스지앤 러?
你汉语学了多长时间了?

워 쉬에 러 이 니앤 러.
我学了一年了。

워 슈어 더 후아 니 또우 팅 더 동 마?
我说的话你都听得懂吗?

루구어 닌 슈어 더 타이 쿠아이 더 후아, 워 팅 부 동.
如果您说得太快的话, 我听不懂。

문장 익히기 ①

쪄량티앤 니 꾸어 더 전머양?
这两天你过得怎么样?
Zhèliǎngtiān nǐ guò de zěnmeyàng?
요즘 어떻게 지내요?

워 꾸어 더 헌 카이씬!
我过得很开心!
Wǒ guò de hěn kāixīn!
즐겁게 지내고 있어요!

这两天 zhèliǎngtiān 요즘
过 guò 지내다, 보내다
得 de 구조 조사
怎么样 zěnmeyàng 어때요?
很 hěn 매우
开心 kāixīn 기쁘다, 즐겁다
最近 zuìjìn 요즘
非常 fēicháng 대단히, 매우

1 안부 묻고 답하기

- '这两天 zhèliǎngtiān'에서 '这 zhè'는 '이, 이것', '两天 liǎngtiān'은 '이틀'이란 의미로, 합치면 '요 며칠', '요즘'이라는 뜻이에요. '最近 zuìjìn'과 비슷한 의미죠. '过 guò'는 동사로 '지내다'라는 뜻인데, 오랜만에 만난 사람에게 '어떻게 지내요?'라고 안부를 물을 때는 정도 보어 구조 조사 '得 de'를 넣어서 '过得怎么样? guò de zěnmeyàng?'이라고 물어요. 대답할 때는 '过得 guò de' 뒤에 알맞은 형용사를 넣어서 표현하면 돼요. 한참 동안 연락을 못 했던 사람에게 안부 문자를 보낼 때 유용하게 쓸 수 있는 표현이에요!

요즘 너 어떻게 지내?	**这两天你过得怎么样?** Zhèliǎngtiān nǐ guò de zěnmeyàng?
요즘 나 잘 지내.	**这两天我过得很好。** Zhèliǎngtiān wǒ guò de hěn hǎo.
요즘 너 잘 지내?	**最近你过得好吗?** Zuìjìn nǐ guò de hǎo ma?
요즘 나 아주 잘 지내.	**最近我过得非常好。** Zuìjìn wǒ guò de fēicháng hǎo.

'오랜만이야'라는 표현은 '好久不见! Hǎojiǔbújiàn!'이라고 해요.

문장 익히기 2

쩔 더 성후어 하이 시꾸안 마?
这儿的生活还习惯吗?
Zhèr de shēnghuó hái xíguàn ma?
여기 생활은 적응했어요?

이징 시꾸안 러.
已经习惯了。
Yǐjīng xíguàn le.
벌써 적응했어요.

这儿 zhèr	여기, 이곳
生活 shēnghuó	생활
还 hái	그런대로, 아직, 더
习惯 xíguàn	습관이 되다, 적응하다
已经 yǐjīng	이미, 벌써
了 le	~했다
快递 kuàidì	택배
没 méi	~(하지) 않았다
到 dào	도달하다, 도착하다
需要 xūyào	필요하다
报名 bàomíng	신청하다, 등록하다
给 gěi	~에게, ~을 주다

1 还의 다양한 의미

- 부사 '还 hái'는 '아직', '또/더/그리고', '그런대로' 등의 여러 가지 뜻을 가지고 있어요. '习惯 xíguàn'은 명사로는 '습관', 동사로는 '습관이 되다', '적응하다'라는 의미예요. 본문의 '还习惯吗? hái xíguàn ma?'는 '(그런대로) 적응했어요?'라는 의미죠. 회화에서 '还可以。Hái kěyǐ.(그런대로 괜찮아요.)'라는 말도 많이 써요. 문맥에 따라 '还'의 의미를 잘 구별해 주세요.

택배가 <u>아직</u> 안 왔어요.	**快递还没到。** Kuàidì hái méi dào.
<u>또</u> 뭐가 필요하신가요?	**还需要什么?** Hái xūyào shénme?
<u>(그런대로)</u> 괜찮아요?	**你还好吗?** Nǐ hái hǎo ma?
<u>(그런대로)</u> 괜찮아요.	**还好。** Hái hǎo.

2 벌써 ~했지

- '벌써(이미) ~했다'라는 표현은 '已经 yǐjīng+동사+了 le'의 형식으로 말해요.

저는 이미 신청했어요.	**我已经报名了。** Wǒ yǐjīng bàomíng le.

'还'가 동사로 쓰일 때의 발음은 'huán'이며, '돌려주다'라는 의미예요.
돌려주세요!   **还给我!**
            Huán gěi wǒ!

문장 익히기 3

니 라이 쯍구어 뚜어지우 러?
你来中国多久了？
Nǐ lái Zhōngguó duōjiǔ le?
중국에 온 지 얼마나 됐어요?

쿠아이 싼 거 위에 러.
快三个月了。
Kuài sān ge yuè le.
곧 3달이 돼요.

多久 duōjiǔ 얼마나 오래
了 le ~되다
快 kuài 곧
结婚 jiéhūn 결혼하다
这里 zhèlǐ 이곳, 여기
工作 gōngzuò 일하다
放假 fàngjià 방학하다
电影 diànyǐng 영화
快要 kuàiyào 곧, 머지않아
开始 kāishǐ 시작하다
就要 jiùyào 곧, 머지않아
毕业 bìyè 졸업하다

1 얼마나 됐어?

- '多 duō+형용사?' 형태의 의문문은 '얼마나 ~한가?'라는 뜻이에요. 형용사 '久 jiǔ(오래다)'를 넣은 '多久 duōjiǔ'는 얼마나 오래되었는지 물어보는 말이에요. 평서문 뒤에 '多久了? duōjiǔ le?'를 붙여서 '~한 지 얼마나 됐어요?'라고 물을 수 있어요.

결혼한 지 얼마나 됐어요?   **你结婚多久了?**
                        Nǐ jiéhūn duōjiǔ le?

여기서 일한 지 얼마나 됐어요? **你在这里工作多久了?**
                          Nǐ zài zhèlǐ gōngzuò duōjiǔ le?

2 임박태(일이 일어나기 직전의 상태)

- '快 kuài~了 le'는 '곧 ~하다'라는 의미로, 어떤 일이 곧 발생할 것임을 나타내요.

곧 1년이 돼요.   **快一年了。**
              Kuài yì nián le.

곧 방학이에요!   **快放假了!**
              Kuài fàngjià le!

'快 kuài~了 le'와 비슷한 표현으로 '快要 kuàiyào~了 le'와 '就要 jiùyào~了 le'가 있는데, 모두 '곧 ~하려고 하다'라는 의미예요. 앞에 시간사가 올 때는 '就要 jiùyào~了 le'를 써요.

영화가 곧 시작해요! **电影快要开始了!**   내일이면 졸업이에요! **明天就要毕业了!**
                 Diànyǐng kuàiyào kāishǐ le!   Míngtiān jiùyào bìyè le!

문장 익히기 4

니 한위 쉬에 러 뚜어창 스지앤 러?
你汉语学了多长时间了?
Nǐ Hànyǔ xué le duōcháng shíjiān le?
중국어를 공부한 지 얼마나 됐어요?

워 쉬에러 이 니앤 러.
我学了一年了。
Wǒ xué le yì nián le.
저 공부한 지 1년 됐어요.

汉语 Hànyǔ 중국어
学 xué 배우다, 학습하다
多长时间 duōcháng shíjiān
  (시간이) 얼마나
准备 zhǔnbèi 준비하다
星期 xīngqī 주, 요일
等 děng 기다리다
分钟 fēnzhōng 분(시간 단위)
睡 shuì (잠을) 자다
小时 xiǎoshí 시간(시간 단위)

1 시량 보어

- 시량 보어는 동사 뒤에서 시간의 양을 나타내는 보어예요. '동사+了 le+시량 보어+了 le'는 '~한 지 ~ 됐다'라는 표현이에요. 동사 뒤의 '了 le'는 '완료'를 의미하고, 문장 끝의 '了 le'는 '과거부터 지금까지 지속됨'을 의미해요. '我学了一年了。Wǒ xué le yì nián le.'는 '나는 공부한 지 1년 됐다.' 즉 지금도 공부하고 있음을 의미해요. '多长时间 duōcháng shíjiān'은 '(시간이) 얼마나'라는 뜻으로 시간의 양을 묻는 말이에요.

너 준비한 지 얼마나 됐어? **你准备了多长时间了?**
Nǐ zhǔnbèi le duōcháng shíjiān le?

나 준비한 지 2주 됐어. **我准备了两个星期了。**
Wǒ zhǔnbèi le liǎng ge xīngqī le.

너 기다린 지 얼마나 됐어? **你等了多长时间了?**
Nǐ děng le duōcháng shíjiān le?

나 기다린 지 10분 됐어. **我等了十分钟了。**
Wǒ děng le shí fēnzhōng le.

문장 끝에 '了 le'가 없을 때는 이미 완료된 상황을 나타내요. '我学了一年。Wǒ xué le yì nián.'은 '나는 1년 공부했다.'라는 뜻으로, 과거에 1년 공부했고, 지금은 하지 않는다는 뜻이죠.

너 얼마나 잤어? **你睡了多长时间?**
Nǐ shuì le duōcháng shíjiān?

나 다섯 시간 잤어. **我睡了五个小时。**
Wǒ shuì le wǔ ge xiǎoshí.

문장 익히기 5

워 슈어 더후아 니 또우 팅 더 동 마?
我说的话你都听得懂吗?
Wǒ shuō de huà nǐ dōu tīng de dǒng ma?
내가 하는 말을 다 알아들을 수 있어요?

루구어 닌 슈어 더 타이 쿠아이 더 후아,
如果您说得太快的话,
Rúguǒ nín shuō de tài kuài de huà,
만약에 말을 너무 빨리하면,

워 팅 부 동.
我听不懂。
wǒ tīng bu dǒng.
저 못 알아들어요.

说 shuō	말하다
话 huà	말
听 tīng	듣다
懂 dǒng	알다, 이해하다
如果 rúguǒ	만약, 만일
太 tài	지나치게, 너무
快 kuài	빠르다
的话 de huà	~하다면, ~이면
买 mǎi	사다
空 kòng	틈, 짬
喝 hē	마시다
杯 bēi	잔(단위)
咖啡 kāfēi	커피
事 shì	일
打车 dǎchē	택시를 타다

1 가능 보어

- 가능 보어는 동사 뒤에서 동작의 가능/불가능을 나타내는 말로, '동사+得 de+가능 보어'의 형식으로 말해요. 본문의 '听得懂 tīng de dǒng'은 '들어서 이해할 수 있다', 즉 '알아들을 수 있다'라는 의미예요. 부정형은 동사와 가능 보어 사이에 '得' 대신 '不 bu'를 넣어 주면 되는데, '听不懂 tīng bu dǒng'은 '알아들을 수 없다'라는 뜻이에요.

지금 살 수 있어요. **现在买得到。**
Xiànzài mǎi de dào.

지금 살 수 없어요. **现在买不到。**
Xiànzài mǎi bu dào.

2 만약 ~하다면

- '如果 rúguǒ~的话 de huà'는 '만약 ~하다면'이라는 뜻으로, '가정'을 나타내는 표현이에요. '说得太快 shuō de tài kuài'는 정도 보어를 써서 표현한 것으로, '말하는 게 너무 빠르면', 즉 '너무 빨리 말하면'이라는 뜻이에요.

만약 너 시간 있으면, 커피 한잔하자. **如果你有空的话, 喝杯咖啡吧。**
Rúguǒ nǐ yǒu kòng de huà, hē bēi kāfēi ba.

'如果 rúguǒ'나 '的话 de huà' 중에 하나만 말해도 돼요.

만약 무슨 일 없으면, 저 먼저 가 보겠습니다. **如果没有什么事, 我就先走了。**
Rúguǒ méiyǒu shénme shì, wǒ jiù xiān zǒu le.

택시 타고 가면, 10분이면 도착할 수 있어요. **打车去的话, 十分钟就能到。**
Dǎchē qù de huà, shí fēnzhōng jiù néng dào.

핵심 패턴 연습하기 음원 듣기 1-2

➡ 빈칸에 다양한 표현을 넣어 큰 소리로 연습해 보세요.

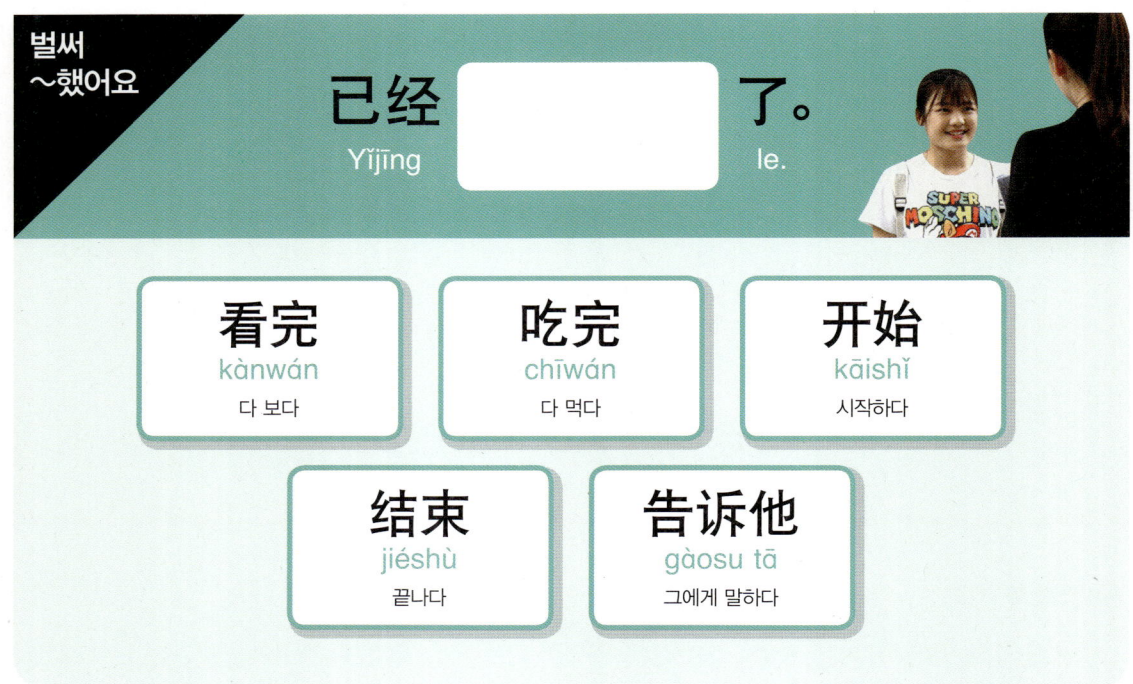

벌써 ~했어요

已经 ___ 了.
Yǐjīng   le.

- 看完 kànwán 다 보다
- 吃完 chīwán 다 먹다
- 开始 kāishǐ 시작하다
- 结束 jiéshù 끝나다
- 告诉他 gàosu tā 그에게 말하다

곧 ~가 돼요 (~을 해요)

快 ___ 了.
Kuài   le.

- 一个月 yí ge yuè 한 달
- 新年 xīnnián 새해
- 起飞 qǐfēi 이륙하다
- 开学 kāixué 개학하다
- 考试 kǎoshì 시험 보다

뿜뿜 대화 체험하기

➡ 우리말 대본을 참고하여, 아래 영상에서 소리가 빈 부분을 중국어로 말해 보세요. 역할별로 두 번 재생됩니다.

QR코드를 찍으면 대화 체험용 영상을 볼 수 있습니다.

안부를 묻다

장 선생님: 요즘 어떻게 지내요?
유나: 즐겁게 지내고 있어요!
장 선생님: 여기 생활은 적응했어요?
유나: 벌써 적응했어요.
장 선생님: 중국에 온 지 얼마나 됐어요?
유나: 곧 3달이 돼요.
장 선생님: 중국어를 공부한 지 얼마나 됐어요?
유나: 저 공부한 지 1년 됐어요.
장 선생님: 내가 하는 말을 다 알아들을 수 있어요?
유나: 만약에 말을 너무 빨리하면, 저 못 알아들어요.

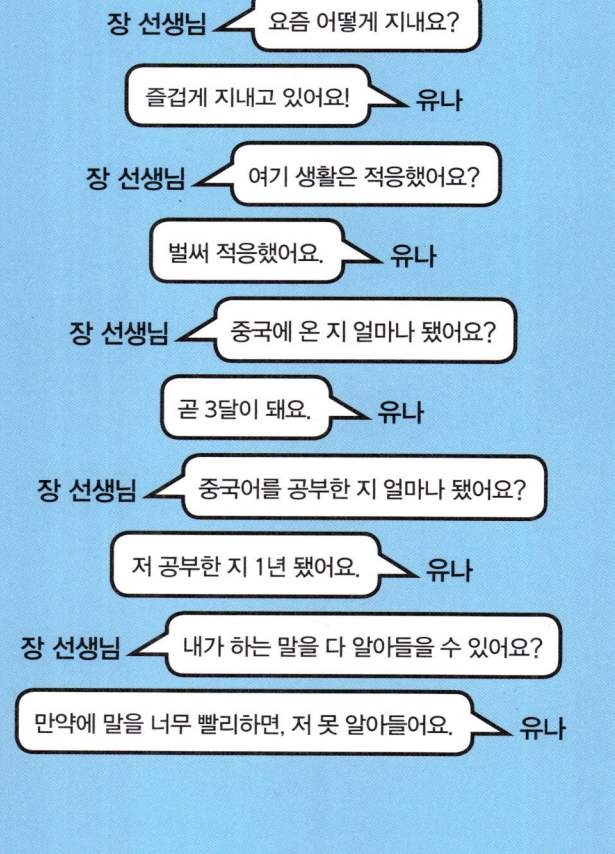

쏙쏙 문장 만들기

1. 우리말 대화를 보고, 중국어 문장을 완성해 보세요.

    1) A: 요즘 어떻게 지내요?

       这两天你_____?

       B: 즐겁게 지내고 있어요!

       我_____!

    2) A: 중국에 온 지 얼마나 됐어요?

       你_____?

       B: 곧 3달이 돼요.

       _____。

2. 주어진 단어를 이용하여, 중국어 문장을 만들어 보세요.

    1) 중국어를 공부한 지 얼마나 됐어요?

       你 / 了 / 学 / 了 / 汉语 / 多长时间
       nǐ   le   xué   le   Hànyǔ duōcháng shíjiān

       ➡ _____

    2) 저 공부한 지 1년 됐어요.

       一年 / 学 / 了 / 了 / 我
       yì nián xué   le   le   wǒ

       ➡ _____

    3) 만약에 (당신이) 말을 너무 빨리하면, 저 못 알아들어요.

       快 / 您 / 太 / 如果 / 的话 / 说 / 得 / 听 / 懂 / 不 / 我
       kuài nín   tài   rúguǒ de huà shuō de   tīng dǒng   bu   wǒ

       ➡ _____

정답 1. 1) A: 过得怎么样 B: 过得很开心   2) A: 来中国多久了 B: 快三个月了
      2. 1) 你汉语学了多长时间了? 2) 我学了一年了。 3) 如果您说得太快的话, 我听不懂。

알아 두면 꿀 떨어지는 꿀 표현

친구 관계와 관련된 표현들을 알아볼까요?

闺蜜 (여자 사이에서) 매우 친한 친구
guīmì

我们是闺蜜。 우리는 절친이에요.
Wǒmen shì guīmì.

哥们儿 / 兄弟 (남자 사이에서) 매우 친한 친구
gēmenr   xiōngdì

我们是兄弟。 우리는 형제야(절친이야).
Wǒmen shì xiōngdì.

我们谁跟谁啊! 우리 사이가 어떤 사이인데(우리 사이에 뭘)!
Wǒmen shéi gēn shéi a!

绝交 절교하다
juéjiāo

我们绝交吧。 우리 절교하자.
Wǒmen juéjiāo ba.

友谊的小船说翻就翻。
Yǒuyì de xiǎochuán shuō fān jiù fān.
우정의 작은 배는 뒤집히기 쉬워(친구 사이도 서로 노력하지 않으면 깨지기 쉽다).

한국과 중국의 밸런타인데이

상황 관찰하기

在韩国，情人节女的送男的巧克力。

상황 왕후이와 유나가 다가오는 밸런타인데이에 관해 이야기합니다.

등장인물   왕후이  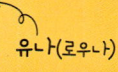 유나(로우나)

강의 보기

대화 내용 확인하기 🔊 음원 듣기 2-1

▶ MP3 음원을 들으며 대화 내용과 발음을 확인해 보세요.

니 쯔다오 호우티앤 스 션머 지에르 마?
你知道后天是什么节日吗?

부 스 칭런지에 마? 쫑구어런 이에 꾸어 쩌 거 지에르 마?
不是情人节吗? 中国人也过这个节日吗?

이빤 니앤칭런 시환 꾸어 쩌 거 지에르.
一般年轻人喜欢过这个节日。

짜이 한구어, 칭런지에 뉘더 쑹 난더 치아오커리.
在韩国, 情人节女的送男的巧克力。

즈요우 난더 차이 커이 쇼우따오 리우 마?
只有男的才可以收到礼物吗?

스 더. 딴스 이 거 위에 호우,
是的。但是一个月后,
싼 위에 스쓰 하오 더 스호우 난더 쑹 뉘더 탕.
3月14号的时候男的送女的糖。

짜이 쫑구어, 즈요우 난더 쑹 뉘더 리우.
在中国, 只有男的送女的礼物。

워 쥐에더 쩌 거 껑 하오!
我觉得这个更好!

추러 씨팡 더 칭런지에 이와이,
除了西方的情人节以外,
쫑구어 하이 요우 이 거 추안통 더 칭런지에.
中国还有一个传统的情人节。

나 스 나 이 티앤?
那是哪一天?

문장 익히기 ①

 니 쯔다오 호우티앤 스 션머 지에르 마?
你知道后天是什么节日吗?
Nǐ zhīdào hòutiān shì shénme jiérì ma?
너 모레가 무슨 기념일인지 알아?

 부 스 칭런지에 마?
不是情人节吗?
Bú shì Qíngrénjié ma?
밸런타인데이 아니야?

쫑구어런 이에 꾸어 쩌 거 지에르 마?
中国人也过这个节日吗?
Zhōngguórén yě guò zhè ge jiérì ma?
중국인도 이 기념일을 챙겨?

知道 zhīdào	알다
后天 hòutiān	모레
节日 jiérì	기념일
情人节 Qíngrénjié	밸런타인데이
谁 shéi	누구
愚人节 Yúrénjié	만우절
圣诞节 Shèngdànjié	크리스마스

1 ~을 아니?

- '知道 zhīdào'와 '吗 ma' 사이에 명사나 문장을 넣어서 '~을 아는지' 물어볼 수 있어요. '知道 zhīdào~ 吗 ma?' 안에는 의문사가 있는 문장이 들어갈 수 있어요.

  너 내가 누군지 알아? **你知道我是谁吗?**
  Nǐ zhīdào wǒ shì shéi ma?

  너 이게 뭔지 알아? **你知道这是什么吗?**
  Nǐ zhīdào zhè shì shénme ma?

2 반문하기

- '不是 bú shì~吗 ma?'는 '~아니야?'라고 반문하는 표현이에요. 중국어로 '애인'은 '情人 qíngrén'이고, 기념일은 '~节 jié(절)'라서 2월 14일 밸런타인데이는 '애인절', 즉 '情人节 Qíngrénjié'라고 해요.

  오늘 만우절 아니야? **今天不是愚人节吗?**
  Jīntiān bú shì Yúrénjié ma?

- 기념일이나 명절 등을 '지내다', '보내다'라고 할 때도 동사 '过 guò'를 써요.

  중국인도 크리스마스를 보내? **中国人也过圣诞节吗?**
  Zhōngguórén yě guò Shèngdànjié ma?

핼러윈데이는 '万圣节 Wànshèngjié', 크리스마스는 '圣诞节 Shèngdànjié'라고 해요. 11월 11일은 중국에서 '솔로데이(光棍节 Guānggùnjié)'인데, 중국 최대 전자 상거래 업체인 알리바바의 회장 마윈이 이날을 '자신을 위한 쇼핑데이'로 마케팅해서 대성공했죠. 지금은 이날을 '쌍십일(双十一 Shuāngshíyī)' 또는 '중국판 블랙프라이데이'라고 부르며, 많은 쇼핑몰에서 대대적인 할인 행사를 열어요.

문장 익히기 ❷

 이빤   니앤칭런   시환 꾸어 쩌 거 지에르.
一般年轻人喜欢过这个节日。
Yìbān niánqīngrén xǐhuan guò zhè ge jiérì.
보통 젊은 사람들이 이 기념일을 챙기는 걸 좋아해.

 짜이 한구어,   칭런지에   뉘더 쏭 난더 치아오커리.
在韩国, 情人节女的送男的巧克力。
Zài Hánguó, Qíngrénjié nǚde sòng nánde qiǎokèlì.
한국에서는, 밸런타인데이에 여자가 남자한테 초콜릿을 줘.

一般 yìbān	보통이다, 일반적
年轻人 niánqīngrén	젊은 사람
喜欢 xǐhuan	좋아하다
女的 nǚde	여자
送 sòng	보내다, 주다
男的 nánde	남자
巧克力 qiǎokèlì	초콜릿
长 zhǎng	생기다
老人 lǎorén	노인
颜色 yánsè	색깔
块 kuài	덩어리, 조각(단위)
蛋糕 dàngāo	케이크

1 보통

- '一般 yìbān'은 '보통이다', '일반적이다'라는 뜻을 가지고 있어요.

아침에 보통 뭘 드세요?   早上一般吃什么?
Zǎoshang yìbān chī shénme?

그녀는 평범하게 생겼어.   她长得很一般。
Tā zhǎng de hěn yìbān.

- '年轻人 niánqīngrén'의 반대말은 '老人 lǎorén'이에요.

보통 나이 드신 분들은 이 색깔을 좋아하세요.   一般老人喜欢这个颜色。
Yìbān lǎorén xǐhuan zhè ge yánsè.

2 동사 送

- '送 sòng'은 이중 목적어를 갖는 동사로, '주어+送 sòng+A+B'는 '~가 A에게 B를 주다'라는 의미예요. 선물을 줄 때 많이 쓰는 표현이에요.

내가 너에게 케이크 한 조각을 줄게.   我送你一块蛋糕。
Wǒ sòng nǐ yí kuài dàngāo.

'送 sòng'은 '배웅하다'라는 의미도 있어요.
제가 데려다줄게요.   我送你。
Wǒ sòng nǐ.

문장 익히기 3

 즈요우 난더 차이 커이 쇼우따오 리우 마?
只有男的才可以收到礼物吗?
Zhǐyǒu nánde cái kěyǐ shōudào lǐwù ma?
남자만 선물을 받을 수 있는 거야?

 스 더. 딴스 이 거 위에 호우,
是的。但是一个月后,
Shì de. Dànshì yí ge yuè hòu,
응. 근데 한 달 후에,

싼 위에 스쓰 하오 더 스호우 난더   쏭 뉘더 탕.
3月14号的时候男的送女的糖。
sān yuè shísì hào de shíhou nánde sòng nǚde táng.
3월 14일에는 남자가 여자한테 사탕을 줘.

只有 zhǐyǒu 오직, ~해야만
才 cái 비로소
可以 kěyǐ 할 수 있다, 해도 된다
收到 shōudào 받다
礼物 lǐwù 선물
但是 dànshì 그러나, 그렇지만
后 hòu 뒤의, 후의
的时候 de shíhou ~할 때
糖 táng 사탕, 설탕
全部 quánbù 전부
开会 kāihuì 회의하다
无聊 wúliáo 심심하다

1 오직 ~만이

- '只有 zhǐyǒu'가 접속사일 때는 '오직 ~만이', '~해야만'이라는 뜻인데, 주로 뒤에 '才 cái'가 함께 와요. '只有 zhǐyǒu+A+才 cái+B'는 'A만이 (비로소) B이다'라는 의미죠.

오직 너만이 내 전부야.
只有你才是我的全部。
Zhǐyǒu nǐ cái shì wǒ de quánbù.

그가 와야만 회의를 할 수 있어요.
只有他来才可以开会。
Zhǐyǒu tā lái cái kěyǐ kāihuì.

2 접속사 但是

- '但是 dànshì'는 접속사로 '그러나', '그렇지만'이라는 의미예요.

나를 좋아해 줘서 고마워, 근데 나 좋아하는 사람이 있어.
谢谢你喜欢我, 但是我有喜欢的人。
Xièxie nǐ xǐhuan wǒ, dànshì wǒ yǒu xǐhuan de rén.

- '~的时候 de shíhou'는 '~할 때'라는 의미죠. 즉 '3月14号的时候 sān yuè shísì hào de shíhou' 는 '3월 14일일 때(3월 14일에)'라는 뜻이에요.

심심할 때 뭐해?
无聊的时候干什么?
Wúliáo de shíhou gàn shénme?

3월 14일 화이트데이는 '白色情人节 báisè qíngrénjié'라고 해요. 중국에는 원래 화이트데이가 없었는데, 최근 외국 문화의 영향을 받은 젊은 친구들이 화이트데이를 챙기기도 해요.

문장 익히기 4

 짜이 쫑구어, 즈요우 난더 쏭 뉘더 리우.
在中国，只有男的送女的礼物。
Zài Zhōngguó, zhǐyǒu nánde sòng nǚde lǐwù.
중국에서는, 남자만 여자한테 선물을 줘.

 워 쥐에더 쩌 거 껑 하오!
我觉得这个更好！
Wǒ juéde zhè ge gèng hǎo!
난 이게 더 좋은 것 같아!

觉得 juéde ~라고 느끼다, 생각하다
更 gèng 더, 더욱
呢 ne ~는요?
好看 hǎokàn 예쁘다
老 lǎo 늙다, 나이 들다
认为 rènwéi 생각하다, 여기다
对 duì 맞다
以为 yǐwéi 생각하다, 여기다

1 느낌이나 생각 표현하기

- 자신의 느낌이나 생각을 표현할 때 '我觉得~ Wǒ juéde~'라는 말로 시작하세요.

    네 생각은 어때? **你觉得呢?**
    Nǐ juéde ne?

    난 이게 더 예쁜 것 같아. **我觉得这个更好看。**
    Wǒ juéde zhè ge gèng hǎokàn.

    나 벌써 늙은 것 같아. **我觉得我已经老了。**
    Wǒ juéde wǒ yǐjīng lǎo le.

- '觉得'와 비슷한 뜻의 동사 '认为 rènwéi'를 써서 자기 생각을 말하기도 해요. '~라고 생각하다', '~라고 여기다'라는 의미예요.

    저는 그의 말이 맞다고 생각해요. **我认为他说得对。**
    Wǒ rènwéi tā shuō de duì.

- 동사 '以为 yǐwéi'의 뜻도 '~라고 생각하다', '~라고 여기다'인데요. 주로 생각했던 게 맞지 않을 경우에 써요. 우리말로 '~인 줄 알았다'라고 풀이하면 돼요.

    나는 그녀가 중국인인 줄 알았어요. **我以为她是中国人。**
    Wǒ yǐwéi tā shì Zhōngguórén.

중국의 밸런타인데이는 원래 남녀가 서로 선물을 주고받는 날이에요. 하지만 실제로는 대부분 남자가 여자에게 선물을 주죠. 주인공 유나는 이게 더 좋은 것 같다며 부러워하네요.

문장 익히기 5

추러 씨팡 더 칭런지어 이와이,
除了西方的情人节以外，
Chúle xīfāng de Qíngrénjié yǐwài,
서양의 밸런타인데이 외에,

쫑구어 하이 요우 이 거 추안통 더 칭런지에.
中国还有一个传统的情人节。
Zhōngguó hái yǒu yí ge chuántǒng de Qíngrénjié.
중국에는 전통적인 연인의 날도 있어.

나 스 나 이 티앤?
那是哪一天？
Nà shì nǎ yì tiān?
그건 언제인데?

除了 chúle ～을 제외하고
西方 xīfāng 서양, 서쪽
以外 yǐwài 이외
传统 chuántǒng 전통
会 huì 할 수 있다
日语 Rìyǔ 일본어
最 zuì 가장, 제일
母亲节 Mǔqīnjié 어머니의 날

---

1 ～ 외에

• '除了 chúle+A+以外 yǐwài'는 'A 외에', 'A를 제외하고'라는 의미예요.

| 중국어 외에, 나는 일본어도 할 수 있어. | **除了汉语以外，我还会说日语。**
Chúle Hànyǔ yǐwài, wǒ hái huì shuō Rìyǔ. |

아빠 엄마 빼고, 나는 네가 제일 좋아.　**除了爸爸妈妈以外，我最喜欢你。**
　　　　　　　　　　　　　　　　　Chúle bàba māma yǐwài, wǒ zuì xǐhuan nǐ.

이것 외에도, 예쁜 게 많이 있어요.　**除了这个以外，还有很多好看的。**
　　　　　　　　　　　　　　　　　Chúle zhè ge yǐwài, hái yǒu hěn duō hǎokàn de.

2 어느 날

• '哪一天 nǎ yìtiān'에서 '哪 nǎ'는 의문사 '어느', '一天 yìtiān'은 '하루'라는 뜻이에요. 즉 '어느 날', '언제'라는 의미죠. '什么时候 shénme shíhou'와 바꾸어 쓸 수 있어요.

어머니의 날은 언제예요?　**母亲节是哪一天？**
　　　　　　　　　　　　　Mǔqīnjié shì nǎ yìtiān?

• '서양'은 '西方 xīfāng', 동양은 '东方 dōngfāng'이에요. 서양인은 '西方人 xīfāngrén', 동양인은 '东方人 dōngfāngrén'이죠. 아시아는 '亚洲 Yàzhōu', 아프리카는 '非洲 Fēizhōu', 유럽은 '欧洲 Ōuzhōu'예요.

• 중국은 어머니의 날과 아버지의 날이 따로 있는데요. 어머니의 날(母亲节 Mǔqīnjié)은 매년 5월 둘째 주 일요일, 아버지의 날(父亲节 Fùqīnjié)은 매년 6월 셋째 주 일요일이에요.

핵심 패턴 연습하기 음원 듣기 2-2

➡ 빈칸에 다양한 표현을 넣어 큰 소리로 연습해 보세요.

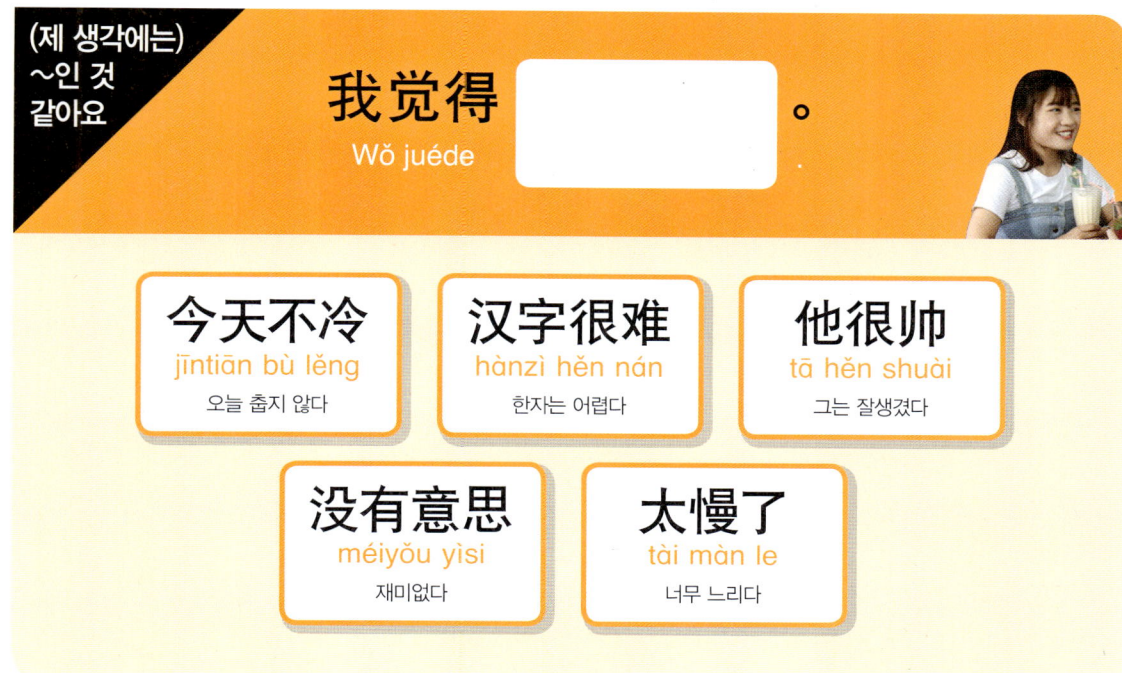

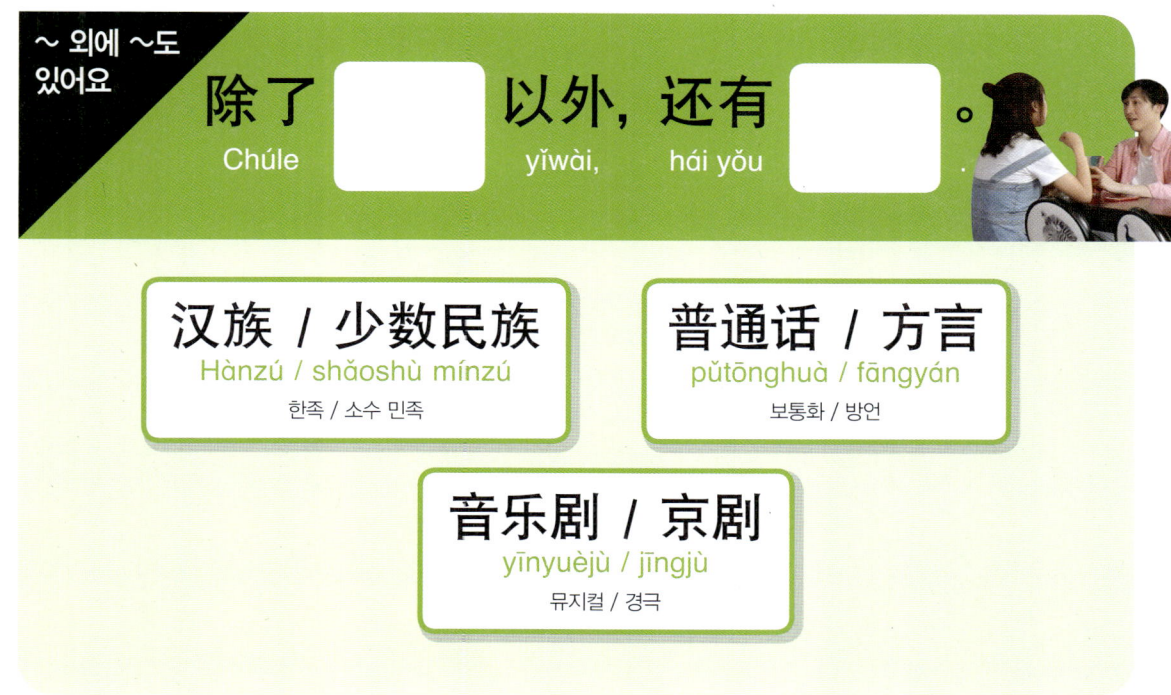

뿜뿜 대화 체험하기

➔ 우리말 대본을 참고하여, 아래 영상에서 소리가 빈 부분을 중국어로 말해 보세요.

한국과 중국의 밸런타인데이

왕후이: 너 모레가 무슨 기념일인지 알아?

유나: 밸런타인데이 아니야? 중국인도 이 기념일을 챙겨?

왕후이: 보통 젊은 사람들이 이 기념일을 챙기는 걸 좋아해.

유나: 한국에서는, 밸런타인데이에 여자가 남자한테 초콜릿을 줘.

왕후이: 남자만 선물을 받을 수 있는 거야?

유나: 응. 근데 한 달 후에, 3월 14일에는 남자가 여자한테 사탕을 줘.

왕후이: 중국에서는, 남자만 여자한테 선물을 줘.

유나: 난 이게 더 좋은 것 같아!

왕후이: 서양의 밸런타인데이 외에, 중국에는 전통적인 연인의 날도 있어.

유나: 그건 언제인데?

쏙쏙 문장 만들기

1. 우리말 대화를 보고, 중국어 문장을 완성해 보세요.

1) A: 너 모레가 무슨 기념일인지 알아?

   你知道 _____ 吗?

   B: 밸런타인데이 아니야?

   _____ ?

2) A: 중국에서는, 남자만 여자한테 선물을 줘.

   在中国, 只有 _____ 礼物。

   B: 난 이게 더 좋은 것 같아!

   我 _____ !

2. 주어진 단어를 이용하여, 중국어 문장을 만들어 보세요.

1) 보통 젊은 사람들이 이 기념일을 챙기는 걸 좋아해.

   年轻人 / 过 / 节日 / 一般 / 这 / 个 / 喜欢
   niánqīngrén / guò / jiérì / yìbān / zhè / ge / xǐhuan

   ▶ _____

2) 밸런타인데이에 여자가 남자한테 초콜릿을 줘.

   情人节 / 巧克力 / 送 / 男的 / 女的
   Qíngrénjié / qiǎokèlì / sòng / nánde / nǚde

   ▶ _____

3) 남자만 선물을 받을 수 있는 거야?

   男的 / 只有 / 礼物 / 可以 / 收到 / 才 / 吗
   nánde / zhǐyǒu / lǐwù / kěyǐ / shōudào / cái / ma

   ▶ _____

정답 1. 1) A: 后天是什么节日 B: 不是情人节吗 2) A: 男的送女的 B: 觉得这个更好
2. 1) 一般年轻人喜欢过这个节日。 2) 情人节女的送男的巧克力。 3) 只有男的才可以收到礼物吗?

알아 두면 꿀 떨어지는 꿀 표현

우리나라는 외래어를 주로 발음 그대로 말하는데, 중국은 외래어를 한자로 바꾸어 말해요. 그래서 중국어로 번역된 외래어를 보면 웃음이 나기도 하고, '아하!' 하며 감탄하기도 하죠. 외래어를 중국어로 바꾸는 원리를 이해하고 단어를 익혀 보세요.

원리1 음역: 뜻과 상관없이 발음만 비슷한 한자로 바꾸는 것

초콜릿
巧克力 qiǎokèlì

피자
比萨 bǐsà

원리2 음역: 발음과 상관없이 뜻만 통하는 한자로 바꾸는 것

컴퓨터('전자두뇌'라는 뜻)
电脑 diànnǎo

핫도그('뜨거운 개'라는 뜻)
热狗 règǒu

원리3 음역 + 의역: 발음과 의미를 모두 고려해서 바꾸는 것

코카콜라('입에 맞아 즐겁다'라는 뜻)
可口可乐 kěkǒukělè

이마트('쉽게 사고 얻는다'라는 뜻)
易买得 yìmǎidé

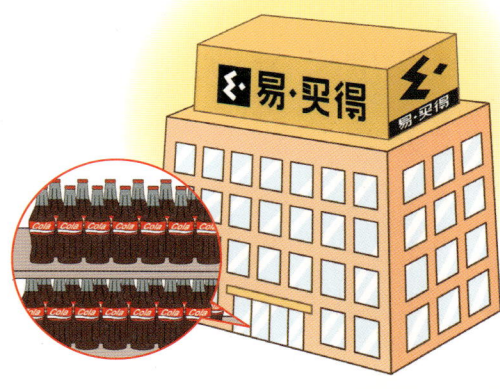

데이트를 신청하다

后天晚上你有时间吗?

상황 중국 전통의 '연인의 날'에 관해 이야기한 후, 왕후이가 유나에게 데이트를 신청합니다.

등장인물 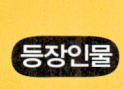 왕후이  유나(로우나)

강의 보기

대화 내용 확인하기 음원 듣기 3-1

→ MP3 음원을 들으며 대화 내용과 발음을 확인해 보세요.

농리 치위에 추치 스 쫑구어 추안통 더 칭런지에,
农历七月初七是中国传统的情人节,
이에 찌아오 '치씨지에'.   니 팅슈어 구어 마?
也叫'七夕节'。你听说过吗?

아! 워 팅슈어 구어 나 거 아이칭 꾸스!
啊! 我听说过那个爱情故事!
한구어 이에 요우 쩌양 더 아이칭 꾸스.
韩国也有这样的爱情故事。

니 쩐 리하이! 리앤 쩌 거 또우 쯔다오!
你真厉害! 连这个都知道!

인웨이 쫑구어 더 원후아 껀 한구어 더 원후아 요우 헌 뚜어 씨앙쓰 더 띠팡.
因为中国的文化跟韩国的文化有很多相似的地方。

쩐 스 아. 호우티앤 완샹 니 요우 스지앤 마?
真是啊。后天晚上你有时间吗?

워 요우 스지앤.
我有时间。

나 워먼 이치 츠 완판 바. 니 요우 메이요우 시앙 취 더 띠팡?
那我们一起吃晚饭吧。你有没有想去的地方?

워 시앙 취 호우하이. 팅슈어 날 터비에 랑만.
我想去后海。听说那儿特别浪漫。

하오, 호우티앤 완샹 우 디앤 빤 워 라이 찌에 니.
好, 后天晚上5点半我来接你。

니 야오 따이 워 취 마? 타이 하오 러! 씨에씨에!
你要带我去吗? 太好了! 谢谢!

문장 익히기 ①

농리 치위에 추치 스 쫑구어 추안통 더 칭런지에,
农历七月初七是中国传统的情人节,
Nónglì qīyuè chūqī shì Zhōngguó chuántǒng de Qíngrénjié,
음력 7월 7일은 중국 전통의 연인의 날인데,

이에 찌아오 '치씨지에'. 니 팅슈어 구어 마?
也叫'七夕节'。你听说过吗?
yě jiào 'Qīxījié'. Nǐ tīngshuō guo ma?
'칠석절'이라고도 해. 너 들어 본 적 있어?

아! 워 팅슈어 구어 나 거 아이칭 꾸스!
啊! 我听说过那个爱情故事!
À! Wǒ tīngshuō guo nà ge àiqíng gùshi!
아! 나 그 사랑 이야기를 들어 본 적 있어!

한구어 이에 요우 쩌양 더 아이칭 꾸스.
韩国也有这样的爱情故事。
Hánguó yě yǒu zhèyàng de àiqíng gùshi.
한국에도 이런 사랑 이야기가 있어.

农历 nónglì 음력
初七 chūqī 일곱째 되는 날
七夕节 Qīxījié 칠석절(칠석날)
听说 tīngshuō 듣자 하니 ~라고 한다
过 guo ~한 적 있다
爱情 àiqíng 애정, 사랑
故事 gùshi 이야기
这样 zhèyàng 이렇다
春节 Chūnjié 춘절(설날)
过年 guònián 설을 쇠다
分手 fēnshǒu 헤어지다

---

1 ~라고도 해

- 음력은 '农历 nónglì' 또는 '阴历 yīnlì', 양력은 '阴历 yánglì'라고 해요. '也 yě'는 '또한', '叫 jiào'는 '~라고 부르다'이므로, '也叫~ yě jiào~'는 '~라고도 한다'라는 뜻이에요. 본문의 'A+是 shì+B, 也叫 yě jiào+C'는 'A는 B인데, C라고도 한다'라는 의미예요.

음력 정월 초하룻날은 춘절인데, '꾸어니앤'이라고도 해.
农历正月初一是春节, 也叫过年。
Nónglì zhēngyuè chūyī shì Chūnjié, yě jiào guònián.

2 들어 본 적 있다

- '~라고 하더라', '~래요'처럼 들은 말을 전할 때는 동사 '听说 tīngshuō'를 써요. '누구에게 들었는데(듣자 하니) ~래요'라고 할 때는 '听'과 '说'사이에 이야기를 전해 준 사람을 넣어 주세요. '동사+过 guo'는 '~한 적 있다'라는 뜻으로, '听说过 tīngshuō guo'는 '들어 본 적 있다'라는 의미예요. 부정형은 '没 méi+동사+过 guo'이므로, '들어 본 적 없다'는 '没听说过 méi tīngshuō guo'라고 해요.

개네 헤어졌대.
听说他们分手了。
Tīngshuō tāmen fēnshǒu le.

친구한테 들었는데, 개네 헤어졌대.
听朋友说他们分手了。
Tīng péngyou shuō tāmen fēnshǒu le.

중국의 '칠석절(七夕节)'은 '중국 고유의 밸런타인데이'로 불리며 연인 사이의 특별한 날로 자리 잡았어요.

문장 익히기 2

니 쩐 리하이! 리앤 쩌 거 또우 쯔다오!
你真厉害! 连这个都知道!
Nǐ zhēn lìhai! Lián zhè ge dōu zhīdào!
너 진짜 대단하다! 이런 것도 아네!

인웨이 쫑구어 더 원후아 껀 한구어 더 원후아
因为中国的文化跟韩国的文化
Yīnwèi Zhōngguó de wénhuà gēn Hánguó de wénhuà
왜냐하면 중국의 문화는 한국의 문화와

요우 헌 뚜어 씨앙쓰 더 띠팡.
有很多相似的地方。
yǒu hěn duō xiāngsì de dìfang.
비슷한 점이 많거든.

- 真 zhēn 정말, 진짜
- 厉害 lìhai 대단하다
- 连 lián ~까지도, ~조차도
- 因为 yīnwèi 왜냐하면, ~때문에
- 文化 wénhuà 문화
- 跟 gēn ~와, ~과
- 相似 xiāngsì 비슷하다, 닮다
- 地方 dìfang 곳, 점
- 做 zuò 하다
- 德语 Déyǔ 독일어
- 下雨 xiàyǔ 비가 내리다
- 所以 suǒyǐ 그래서
- 不能 bù néng 할 수 없다
- 爬山 páshān 등산하다

1 ~까지도

- '连 lián+A+都 dōu/也 yě'는 'A까지도'라는 표현이에요.

이런 것도 할 줄 알아?   **连这个都会做吗?**
　　　　　　　　　　　Lián zhè ge dōu huì zuò ma?

독일어까지 할 줄 아네!   **连德语也会说!**
　　　　　　　　　　　Lián Déyǔ yě huì shuō!

2 왜냐하면, ~때문에

- '因为 yīnwèi'는 '왜냐하면', '~때문에'라는 뜻이에요.

내가 널 사랑하기 때문이야!   **因为我爱你!**
　　　　　　　　　　　　　Yīnwèi wǒ ài nǐ!

- 'A+跟 gēn+B+有 yǒu+很多相似的地方 hěn duō xiāngsì de dìfang'은 'A는 B와 비슷한 점이 많이 있다'라는 뜻이에요.

저는 당신과 비슷한 점이 많아요.   **我跟你有很多相似的地方。**
　　　　　　　　　　　　　　　Wǒ gēn nǐ yǒu hěn duō xiāngsì de dìfang.

'因为 yīnwèi' 뒤에는 '所以 suǒyǐ(그래서)'가 자주 오니 함께 알아 두세요.
오늘 비가 와서 등산하러 못 가.   **因为今天下雨, 所以不能去爬山。**
　　　　　　　　　　　　　　Yīnwèi jīntiān xiàyǔ, suǒyǐ bù néng qù páshān.

문장 익히기 3

쩐 스 아.
真是啊。
Zhēn shì a.
정말 그렇네.

호우티앤 완샹 니 요우스지앤 마?
后天晚上你有时间吗?
Hòutiān wǎnshang nǐ yǒu shíjiān ma?
모레 저녁에 너 시간 있어?

워 요우 스지앤.
我有时间。
Wǒ yǒu shíjiān.
나 시간 있어.

晚上 wǎnshang	저녁
时间 shíjiān	시간
周末 zhōumò	주말
约 yuē	약속하다, 약속
约会 yuēhuì	데이트

1 약속 잡기

- 상대방과 약속을 잡을 때는 '시간사+你有时间吗? nǐ yǒu shíjiān ma?'로 물어봐요.

주말에 너 시간 있어?	**周末你有时间吗?** Zhōumò nǐ yǒu shíjiān ma?
나 시간 없어.	**我没有时间。** Wǒ méiyǒu shíjiān.

- '오늘 저녁에 약속 있어요?'는 어떻게 표현할까요? 일반적인 약속은 '约 yuē'를 써서 묻고, 남녀 사이의 '데이트'는 '约会 yuēhuì'를 써서 물어요.

오늘 저녁에 너 약속 있어?	**今天晚上你有约吗?** Jīntiān wǎnshang nǐ yǒu yuē ma?
오늘 저녁에 나 약속 있어.	**今天晚上我有约了。** Jīntiān wǎnshang wǒ yǒu yuē le.
오늘 저녁에 너 데이트 있어?	**今天晚上你有约会吗?** Jīntiān wǎnshang nǐ yǒu yuēhuì ma?
오늘 저녁에 나 데이트 있어.	**今天晚上我有约会。** Jīntiān wǎnshang wǒ yǒu yuēhuì.

대답할 때 '是 shì'는 '응', '그래'라는 뜻이죠? '是啊。shì a.'에서 조사 '啊 a'는 말투를 부드럽게 해 주는 역할을 해요. 상대방의 말에 호응할 때 '对啊! Duì a!(맞아!)'라는 표현도 많이 써요.

문장 익히기 ❹

나 워먼 이치 츠 완판 바.
那我们一起吃晚饭吧。
Nà wǒmen yìqǐ chī wǎnfàn ba.
그러면 우리 같이 저녁 먹자.

니 요우 메이요우 시앙 취 더 띠팡?
你有没有想去的地方?
Nǐ yǒu méiyǒu xiǎng qù de dìfang?
너 가고 싶은 데 있어?

워 시앙 취 호우하이. 팅슈어 날 터비에 랑만.
我想去后海。听说那儿特别浪漫。
Wǒ xiǎng qù Hòuhǎi. Tīngshuō nàr tèbié làngmàn.
나 호우하이에 가고 싶어. 거기 엄청 낭만적이라고 하더라.

- 那 nà 그러면
- 一起 yìqǐ 같이, 함께
- 晚饭 wǎnfàn 저녁밥
- 吧 ba ~하자, ~해라
- 想 xiǎng ~하고 싶다
- 后海 Hòuhǎi 호우하이
- 那儿 nàr 거기, 그곳
- 特别 tèbié 유달리, 특별히
- 浪漫 làngmàn 낭만적이다
- 电影 diànyǐng 영화
- 漂亮 piàoliang 예쁘다

1 하고 싶은 것 묻기

- '有没有 yǒu méiyǒu'는 '~가 있는지' 물어보는 말이에요. '想 xiǎng'은 '~하고 싶다'라는 의미이므로, '想去的地方 xiǎng qù de dìfang'은 '가고 싶은 곳'이라는 뜻이에요.

너 보고 싶은 영화 있어?　**你有没有想看的电影?**
　　　　　　　　　　　　Nǐ yǒu méiyǒu xiǎng kàn de diànyǐng?

나 한국 영화 보고 싶어.　**我想看韩国电影。**
　　　　　　　　　　　　Wǒ xiǎng kàn Hánguó diànyǐng.

2 부사 特别

- '特别 tèbié'는 부사로 '특별히'라는 뜻인데, 우리말의 '아주', '엄청'과 같이 형용사를 강조할 때 자주 쓰이는 표현이에요. '特别 tèbié'가 형용사일 때는 '특별하다'라는 의미예요.

그녀는 엄청 예뻐.　**她特别漂亮。**
　　　　　　　　　Tā tèbié piàoliang.

그녀는 아주 특별해.　**她很特别。**
　　　　　　　　　　Tā hěn tèbié.

호우하이(后海)는 베이징의 스차하이(베이징성 안에 있는 3개의 호수와 그 주변을 가리키는 말로, '10개의 사찰이 있는 호수'라는 의미) 중 하나로, 밤이 되면 반짝이는 야경과 호수가 어우러져 낭만적인 분위기를 느낄 수 있는 곳이에요. 연인들의 대표적인 데이트 장소라고 할 수 있어요.

문장 익히기 5

 하오, 호우티앤 완샹 우디앤 빤 워 라이 찌에 니.
好，后天晚上5点半我来接你。
Hǎo, hòutiān wǎnshang wǔ diǎn bàn wǒ lái jiē nǐ.
좋아, 모레 저녁 5시 반에 내가 널 데리러 갈게.

 니 야오 따이 워 취 마? 타이 하오 러! 씨에씨에!
你要带我去吗？太好了！谢谢！
Nǐ yào dài wǒ qù ma? Tài hǎo le! Xièxie!
네가 날 데리고 가려고? 너무 좋아! 고마워!

接 jiē	마중하다
要 yào	~하려고 하다
带 dài	데리다
读 dú	읽다
小狗 xiǎogǒu	강아지
孩子 háizi	아이
过分 guòfèn	지나치다

1 동작의 적극성

- '来 lái'의 기본 의미는 '오다'지만, '주어+来 lái+동사'의 형식으로 쓰일 때는 주어가 어떤 동작을 적극적으로 한다는 느낌을 줘요. '接 jiē'는 '잇다', '받다', '가까이 가다' 등 여러 가지 의미로 쓰이는 동사인데, 본문에서는 '마중하다', 즉 '데리러 가다'라는 의미로 쓰였어요. '我来接你。 Wǒ lái jiē nǐ.'는 '내가 널 데리러 갈게.'라는 뜻이에요.

제가 읽을게요.   **我来读。**
　　　　　　　　Wǒ lái dú.

네가 말해 봐.   **你来说。**
　　　　　　　　Nǐ lái shuō.

2 동사 带

- 조동사 '要 yào'는 '~하려고 하다'라는 뜻이고, 동사 '带 dài'는 '~을 데리다'라는 의미예요. '带 dài+A+去 qù/来 lái'는 'A를 데리고 가다/오다'라는 뜻이에요.

저는 강아지를 데리고 갈 거예요.   **我要带小狗去。**
　　　　　　　　　　　　　　　　Wǒ yào dài xiǎogǒu qù.

당신은 아이를 데리고 올 건가요?   **你要带孩子来吗？**
　　　　　　　　　　　　　　　　Nǐ yào dài háizi lái ma?

'太 tài+형용사+了 le'는 '너무 ~하다'라는 표현이죠? 회화에서 자주 하는 말인 '너무해!'는 중국어로 '太过分了! Tài guòfèn le!'라고 해요.

핵심 패턴 연습하기 음원 듣기 3-2

→ 빈칸에 다양한 표현을 넣어 큰 소리로 연습해 보세요.

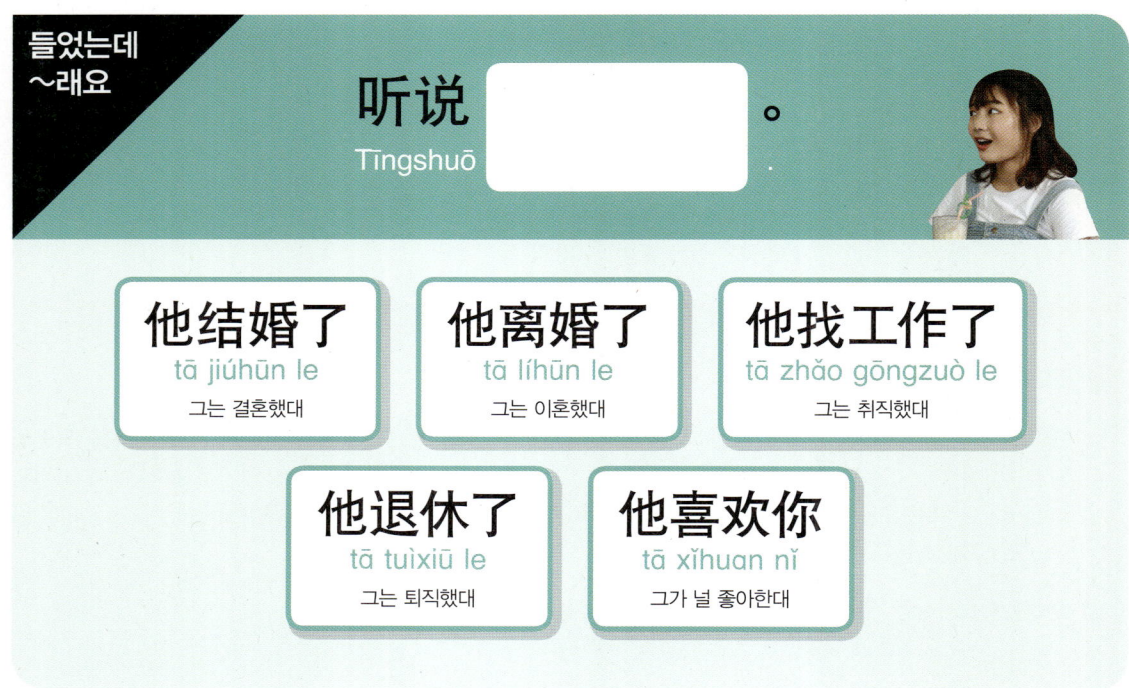

뿜뿜 대화 체험하기

→ 우리말 대본을 참고하여, 아래 영상에서 소리가 빈 부분을 중국어로 말해 보세요.

데이트를 신청하다

왕후이: 음력 7월 7일은 중국 전통의 연인의 날인데, '칠석절'이라고도 해. 들어 본 적 있어?

유나: 아! 나 그 사랑 이야기를 들어 본 적 있어! 한국에도 이런 사랑 이야기가 있어.

왕후이: 너 진짜 대단하다! 이런 것도 아네!

유나: 왜냐하면 중국의 문화는 한국의 문화와 비슷한 점이 많거든.

왕후이: 정말 그렇네. 모레 저녁에 너 시간 있어?

유나: 나 시간 있어.

왕후이: 그러면 우리 같이 저녁 먹자. 너 가고 싶은 데 있어?

유나: 나 호우하이에 가고 싶어. 거기 엄청 낭만적이라고 하더라.

왕후이: 좋아, 모레 저녁 5시 반에 내가 널 데리러 갈게.

유나: 네가 날 데리고 가려고? 너무 좋아! 고마워!

쏙쏙 문장 만들기

1. 우리말 대화를 보고, 중국어 문장을 완성해 보세요.

   1) A: 나 그 사랑 이야기를 들어 본 적 있어!

      我＿＿＿＿＿＿＿＿＿＿爱情故事!

      B: 너 진짜 대단하다!

      你＿＿＿＿＿＿＿＿＿＿＿＿＿!

   2) A: 모레 저녁에 너 시간 있어?

      ＿＿＿＿＿＿, 你＿＿＿＿＿＿?

      B: 나 시간 있어.

      我＿＿＿＿＿＿＿＿＿＿＿＿。

2. 주어진 단어를 이용하여, 중국어 문장을 만들어 보세요.

   1) 한국에도 이런 사랑 이야기가 있어.

      这样 / 爱情故事 / 有 / 韩国 / 的 / 也
      zhèyàng   àiqíng gùshi   yǒu   Hánguó   de   yě

      ▶ ＿＿＿＿＿＿＿＿＿＿＿＿＿＿＿＿＿

   2) 이런 것도 아네!

      知道 / 连 / 个 / 这 / 都
      zhīdào   lián   ge   zhè   dōu

      ▶ ＿＿＿＿＿＿＿＿＿＿＿＿＿＿＿＿＿

   3) 왜냐하면 중국은 한국과 비슷한 점이 많거든.

      中国 / 很 / 相似的地方 / 跟 / 有 / 因为 / 多 / 韩国
      Zhōngguó   hěn   xiāngsì de dìfang   gēn   yǒu   yīnwèi   duō   Hánguó

      ▶ ＿＿＿＿＿＿＿＿＿＿＿＿＿＿＿＿＿

정답 1. 1) A: 听说过那个 B: 真厉害 2) A: 后天晚上，有时间吗 B: 有时间
2. 1) 韩国也有这样的爱情故事。 2) 连这个都知道! 3) 因为中国跟韩国有很多相似的地方。

알아 두면 꿀 떨어지는 꿀 표현

우리가 자주 쓰는 사랑과 관련된 말, 중국어로는 뭐라고 할까요?

单身 싱글
dānshēn

我喜欢单身的生活。 난 싱글 생활이 좋아.
Wǒ xǐhuan dānshēn de shēnghuó.

搞暧昧 = 玩暧昧 썸 타다
gǎo àimèi　　wán àimèi

他只想跟我搞暧昧。 그는 나랑 썸만 타고 싶어 해요.
Tā zhǐ xiǎng gēn wǒ gǎo àimèi.

欲擒故纵 밀당(밀고 당기기)하다
yùqíngùzòng

我不太会欲擒故纵。 저는 밀당을 잘 못해요.
Wǒ bú tài huì yùqíngùzòng.

般配 어울리다
bānpèi

我们很般配。 우리는 잘 어울려요.
Wǒmen hěn bānpèi.

天生一对 천생연분
tiānshēng yí duì

我们是天生一对。 우리는 천생연분이야.
Wǒmen shì tiānshēng yí duì.

04 고백하다

상황 관찰하기

其实我对你一见钟情。

상황 왕후이가 유나에게 고백합니다.

등장인물  왕후이  유나(로우나)

강의 보기

대화 내용 확인하기 　음원 듣기 4-1

→ MP3 음원을 들으며 대화 내용과 발음을 확인해 보세요.

티앤 나! 쩔 더 이에징 쩐 피아오량!
天哪! 这儿的夜景真漂亮!

찐티앤 니 껑 피아오량! 쩌 스 워 쏭 니 더 메이꾸이후아.
今天你更漂亮! 这是我送你的玫瑰花。

하오 간똥 아! 쩌 스 워 쏭 니 더 치아오커리.
好感动啊! 这是我送你的巧克力。

씨에씨에! 메이 시앙따오 니 이에 쥰뻬이 러 리우!
谢谢! 没想到你也准备了礼物!

로우나! 워 요우 후아 껀 니 슈어, 치스 워 뚜이 니 이찌앤쭝칭.
柔娜! 我有话跟你说, 其实我对你一见钟情。

씨앤짜이 니 씨앙 워 비아오바이 마?
现在你向我表白吗?

스 아, 니 위앤이 쭈어 워 더 뉘펑요우 마?
是啊, 你愿意做我的女朋友吗?

워 위앤이. 총 찐티앤 카이스 워먼 찌아오왕 바!
我愿意。从今天开始我们交往吧!

워 이딩 후이 쭈어 이 거 허거 더 난펑요우!
我一定会做一个合格的男朋友!

나 워 스무이따이!
那我拭目以待!

문장 익히기 ①

티앤 나! 쩔 더 이에징 쩐 피아오량!
天哪! 这儿的夜景真漂亮!
Tiān na! Zhèr de yèjǐng zhēn piàoliang!
세상에! 여기 야경 정말 예쁘다!

찐티앤 니 껑 피아오량! 쩌 스 워 쏭 니 더 메이꾸이후아.
今天你更漂亮! 这是我送你的玫瑰花。
Jīntiān nǐ gèng piàoliang! Zhè shì wǒ sòng nǐ de méiguīhuā.
오늘 네가 더 예뻐! 이건 내가 너한테 주는 장미꽃이야.

天哪 tiān na 세상에, 어머나
夜景 yèjǐng 야경
玫瑰花 méiguīhuā 장미
写 xiě 쓰다
论文 lùnwén 논문
地 de 구조 조사

1 감탄사 天哪

- '天哪 tiān na'는 영어의 '오 마이 갓'과 같은 감탄사예요. 뒤의 '哪 na'는 '啊 a'처럼 말투를 부드럽게 해 주는 조사예요. 다양한 감탄사를 알아볼까요?

아이고!	**哎呀!** Āiyā!	우아!	**哇塞!** Wāsài!
엄마야!	**我的妈呀!** Wǒ de mā ya!	깜짝이야!	**吓死我了!** Xià sǐ wǒ le!
망했다!	**完蛋了!** Wándàn le!	짜증 나 죽겠어!	**烦死了!** Fán sǐ le!

2 구조 조사 的와 地

- 구조 조사 '的 de'는 '~의', '~(하)는'이라는 뜻이죠. '관형어+的 de+명사'의 형태로 쓰여요.

그건 제가 쓴 논문이에요. **那是我写的论文。**
Nà shì wǒ xiě de lùnwén.

- 구조 조사 '的 de'와 '得 de' 외에 반드시 익혀야 할 구조 조사가 또 있어요. 바로 '地 de'인데요. 보통 '~(하)게'로 풀이되며, 부사어를 만들어 서술어를 꾸며 주는 역할을 해요. '부사어+地 de+동사'의 형태로 쓰여요.

그는 아주 즐겁게 일해요. **他很开心地工作。**
Tā hěn kāixīn de gōngzuò.

> 보통 1음절 형용사가 부사어가 될 때는 '地 de'를 생략하고, 2음절 형용사가 부사어가 될 때나 형용사의 중첩형이 부사어가 될 때, 성어가 부사어가 될 때 구조 조사 '地 de'를 붙여 줘요.

문장 익히기 ❷

 하오 간똥 아! 쩌 스 워 쏭 니 더 치아오커리.
好感动啊！这是我送你的巧克力。
Hǎo gǎndòng a! Zhè shì wǒ sòng nǐ de qiǎokèlì.
정말 감동이야! 이건 내가 너한테 주는 초콜릿이야.

 씨에씨에! 메이 시앙따오 니 이에 쭌뻬이 러 리우!
谢谢！没想到你也准备了礼物!
Xièxie! Méi xiǎngdào nǐ yě zhǔnbèi le lǐwù!
고마워! 너도 선물을 준비했을 줄은 생각지도 못했어!

감动 gǎndòng 감동하다
没想到 méi xiǎngdào
　　　　생각지도 못하다
香 xiāng 향기롭다
难 nán 어렵다
谈恋爱 tán liàn'ài 연애하다
唱 chàng 노래하다

1 부사 好

- '好 hǎo'는 주로 '좋다'라는 의미의 형용사로 쓰이지만, 형용사 앞에서 부사로 쓰이기도 해요. 이때는 '아주', '정말'이라는 뜻으로, 감탄의 느낌을 줘요.

정말 향기롭다! **好香啊!**
Hǎo xiāng a!

정말 어려워요! **好难啊!**
Hǎo nán a!

2 생각지도 못하다

- '想到 xiǎngdào'는 '생각이 도달하다'라는 의미이니까 '没想到 méi xiǎngdào'는 '생각이 도달하지 못하다', 즉 '생각지도 못하다'라는 의미예요. 그 뒤에 서술어가 오면 '~할 줄은 생각지도 못했다'라는 의미가 돼요.

걔도 올 줄은 생각지도 못했어! **没想到他也来!**
Méi xiǎngdào tā yě lái!

걔네 둘이 연애할 줄은 생각지도 못했어! **没想到他们两个谈恋爱。**
Méi xiǎngdào tāmen liǎng ge tán liàn'ài.

'好 hǎo'가 동사 앞에서 부사로 쓰일 때는 '~하기 좋다', '~하기 쉽다'라는 뜻이에요.
듣기 좋다. **好**听.　　　　(노래) 부르기 쉽다. **好**唱.
　　　　　Hǎo tīng.　　　　　　　　　　　　　　Hǎo chàng.

문장 익히기 ❸

로우나!   워 요우 후아 껀 니 슈어,
柔娜！我有话跟你说，
Róunà! Wǒ yǒu huà gēn nǐ shuō,
유나야! 나 너한테 할 말 있는데,

치스   워 뚜이 니   이찌앤쭝칭.
其实我对你一见钟情。
qíshí wǒ duì nǐ yíjiànzhōngqíng.
사실 나 너한테 첫눈에 반했어.

씨앤짜이 니 씨앙 워 비아오바이 마?
现在你向我表白吗？
Xiànzài nǐ xiàng wǒ biǎobái ma?
지금 너 나한테 고백하는 거야?

其实 qíshí	사실
对 duì	~에게
一见钟情 yíjiànzhōngqíng	첫눈에 반하다
向 xiàng	~에게, ~을 향하여
表白 biǎobái	고백하다
钱 qián	돈
衣服 yīfu	옷
句 jù	마디(단위)
道歉 dàoqiàn	사과하다

1 有 구문

- '我有话跟你说 Wǒ yǒu huà gēn nǐ shuō'를 우리말로 직역하면 '나는 말이 있다 너에게 할'인데요. '有 yǒu+목적어+동사'는 '~할 ~가 있다'라는 의미로, 우리말 어순과 달리 동사 '有'를 먼저 말해요. '~할 ~가 없다'라는 표현은 '没有 méiyǒu+목적어+동사'로 해요.

나 옷 살 돈이 있어.　**我有钱买衣服。**
　　　　　　　　　　Wǒ yǒu qián mǎi yīfu.

나 밥 먹을 시간이 없어.　**我没有时间吃饭。**
　　　　　　　　　　　Wǒ méiyǒu shíjiān chī fàn.

2 전치사 跟, 对, 向

- '跟 gēn', '对 duì', '向 xiàng'은 모두 '~에게'라는 뜻으로 쓰이는 전치사예요. 전치사 뒤에는 '대상'이 와요.

내가 너한테 한마디 할게.　**我跟你说一句话。**
　　　　　　　　　　　　Wǒ gēn nǐ shuō yí jù huà.

그는 저에게 잘해 줘요.　**他对我很好。**
　　　　　　　　　　　Tā duì wǒ hěn hǎo.

제가 여러분께 사과드립니다.　**我向大家道歉。**
　　　　　　　　　　　　　Wǒ xiàng dàjiā dàoqiàn.

'跟 gēn'은 '~와(과)', '对 duì'는 '~에 대하여', '向 xiàng'은 '~을 향하여'라는 의미로도 쓰여요.

문장 익히기 ❹

스 아, 니 위앤이 쭈어 워 더 뉘펑요우 마?
是啊，你愿意做我的女朋友吗?
Shì a, nǐ yuànyì zuò wǒ de nǚpéngyou ma?
응. 내 여자 친구가 되어 줄래?

워 위앤이. 총 찐티앤 카이스 워먼 찌아오왕 바!
我愿意。从今天开始我们交往吧!
Wǒ yuànyì. Cóng jīntiān kāishǐ wǒmen jiāowǎng ba!
그래. 오늘부터 우리 사귀자!

愿意 yuànyì	~을 바라다, 원하다
从 cóng	~부터
交往 jiāowǎng	교제하다
妻子 qīzi	아내
嫁 jià	시집가다
给 gěi	~에게
第一天 dìyītiān	첫날

1 조동사 愿意

- '愿意 yuànyì'는 조동사로 '~을 바라다', '원하다'라는 의미예요. 조동사 뒤에는 동사가 나와요. 부정형은 '不愿意 bú yuànyì'예요.

내 아내가 되어 줄래? **你愿意做我的妻子吗?**
Nǐ yuànyì zuò wǒ de qīzi ma?

너 나한테 시집올래? **你愿意嫁给我吗?**
Nǐ yuànyì jià gěi wǒ ma?

2 전치사 从

- '从 cóng'은 전치사로, '从 cóng+시간/장소'의 형태로 쓰이며, '~부터'라는 뜻이에요. '从今天开始 cóng jīntiān kāishǐ'는 '오늘부터 시작'이라는 의미고, '我们交往吧! wǒmen jiāowǎng ba!'는 '우리 사귀자!'라는 표현이에요.

지금부터 우리 사귀자! **从现在开始我们在一起吧!**
Cóng xiànzài kāishǐ wǒmen zài yìqǐ ba!

오늘부터 우리 1일이야! **从今天开始是我们的第一天!**
Cóng jīntiān kāishǐ shì wǒmen de dìyītiān!

'我们在一起吧! Wǒmen zài yìqǐ ba!'는 '우리 함께 있자'라는 뜻인데, '우리 사귀자'라는 의미도 있어요.

문장 익히기 5

워 이딩 후이 쭈어 이 거 허거 더 난펑요우!
我一定会做一个合格的男朋友!
Wǒ yídìng huì zuò yí ge hégé de nánpéngyou!
나 꼭 완벽한 남자 친구가 될 거야!

나 워 스무이따이!
那我拭目以待!
Nà wǒ shìmùyǐdài!
그럼 나 기대할게!

一定 yídìng 반드시, 꼭
会 huì ~할 것이다
合格 hégé 합격이다
拭目以待 shìmùyǐdài
눈을 비비며 기다리다, 기대하며 지켜보다
成功 chénggōng 성공하다
考上 kǎoshàng 합격하다
大学 dàxué 대학

1 추측·확신

- '会 huì'는 '~할 수 있다' 또는 '~할 것이다'라는 의미의 조동사예요. '会' 앞에 '一定 yídìng'이 나오면 추측·확신의 표현인 '반드시 ~할 것이다'라는 의미예요. '一定会 yídìng huì+동사'의 형식으로 말해요.

난 반드시 성공할 거야!   **我一定会成功!**
Wǒ yídìng huì chénggōng!

넌 반드시 대학에 합격할 거야!   **你一定会考上大学!**
Nǐ yídìng huì kǎoshàng dàxué!

2 성어 拭目以待

- '拭目以待 shìmùyǐdài'는 '기대하며 지켜보다'라는 의미를 가진 성어예요. '拭目 shìmù'는 '눈을 비비다', '以 yǐ'는 '그리고', '待 dài'는 '기다리다'라는 뜻이죠. 연예인들이 영화나 앨범을 홍보하면서 자주 하는 말이에요. 성어를 이해하고 적재적소에 활용하면 중국어 표현이 훨씬 고급스러워져요.

여러분 지켜봐(기대해) 주세요.   **请大家拭目以待。**
Qǐng dàjiā shìmùyǐdài.

'合格的男朋友 hégé de nánpéngyou'를 직역하면 '합격한 남자 친구'라는 뜻인데요. 우리에게는 조금 생소한 표현이지만, 중국어에서는 자주 쓰이는 표현이에요. '완벽한 남자 친구'라고 자연스럽게 풀이해 주세요.

핵심 패턴 연습하기 음원 듣기 4-2

➡ 빈칸에 다양한 표현을 넣어 큰 소리로 연습해 보세요.

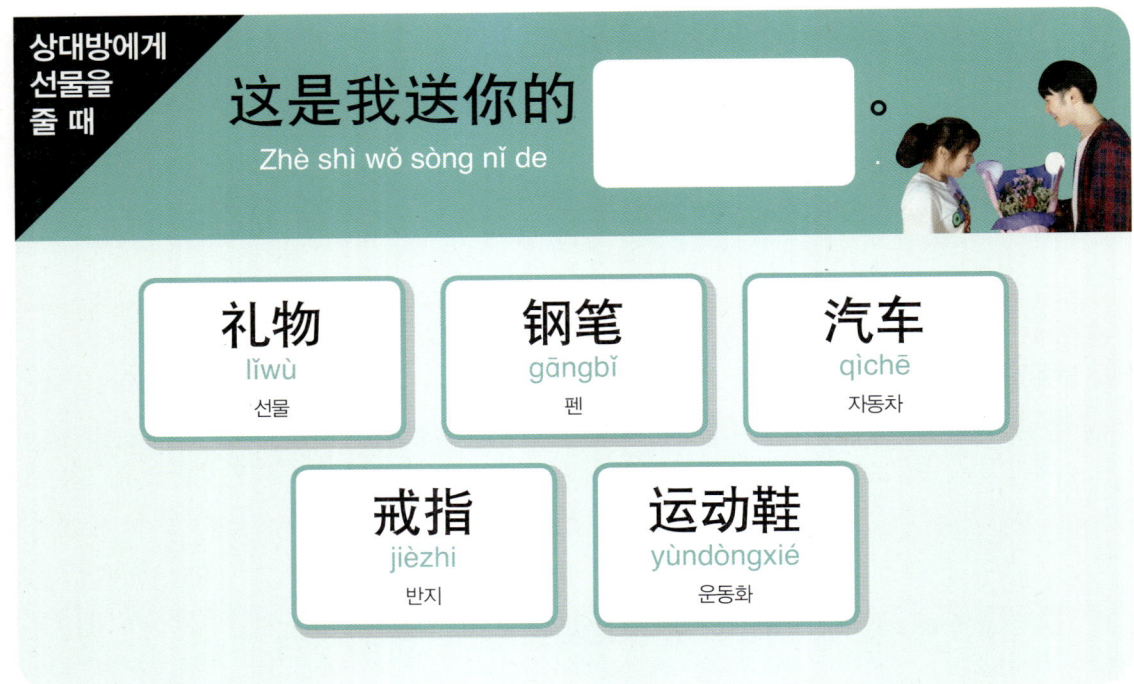

상대방에게 선물을 줄 때

这是我送你的 ___ 。
Zhè shì wǒ sòng nǐ de

- 礼物 lǐwù 선물
- 钢笔 gāngbǐ 펜
- 汽车 qìchē 자동차
- 戒指 jièzhi 반지
- 运动鞋 yùndòngxié 운동화

정말 ~하다!

好 ___ 啊！
Hǎo a!

- 热 rè 덥다
- 冷 lěng 춥다
- 干净 gānjìng 깨끗하다
- 漂亮 piàoliang 예쁘다
- 帅 shuài 잘생기다

나 ~할 ~가 있어

我有 ____ 。
Wǒ yǒu

- 钱买房子 / qián mǎi fángzi — 집 살 돈
- 钱给你 / qián gěi nǐ — 너에게 줄 돈
- 时间喝茶 / shíjiān hē chá — 차 마실 시간
- 时间吃饭 / shíjiān chī fàn — 밥 먹을 시간

너 ~을 원하니?

你愿意 ____ 吗?
Nǐ yuànyì ma?

- 出国留学 / chūguó liúxué — 해외 유학하다
- 生孩子 / shēng háizi — 아이를 낳다
- 拍照片 / pāi zhàopiàn — 사진을 찍다
- 听音乐 / tīng yīnyuè — 음악을 듣다
- 参加比赛 / cānjiā bǐsài — 경기에 참가하다

뿜뿜 대화 체험하기

▶ 우리말 대본을 참고하여, 아래 영상에서 소리가 빈 부분을 중국어로 말해 보세요.

고백하다

- 유나: 세상에! 여기 야경 정말 예쁘다!
- 왕후이: 오늘 네가 더 예뻐! 이건 내가 너한테 주는 장미꽃이야.
- 유나: 정말 감동이야! 이건 내가 너한테 주는 초콜릿이야.
- 왕후이: 고마워! 너도 선물을 준비했을 줄은 생각지도 못했어!
- 왕후이: 유나야! 나 너한테 할 말 있는데, 사실 나 너한테 첫눈에 반했어.
- 유나: 지금 너 나한테 고백하는 거야?
- 왕후이: 응. 내 여자 친구가 되어 줄래?
- 유나: 그래. 오늘부터 우리 사귀자!
- 왕후이: 나 꼭 완벽한 남자 친구가 될 거야!
- 유나: 그럼 나 기대할게!

쓱쓱 문장 만들기

1. 우리말 대화를 보고, 중국어 문장을 완성해 보세요.

   1) A: 세상에! 여기 야경 정말 예쁘다!

      _____! _____ 漂亮!

      B: 오늘 네가 더 예뻐!

      _____ 漂亮!

   2) A: 이건 내가 너한테 주는 장미꽃이야.

      _____ 玫瑰花。

      B: 정말 감동이야!

      _____!

2. 주어진 단어를 이용하여, 중국어 문장을 만들어 보세요.

   1) 사실 나 너한테 첫눈에 반했어.

      你 / 我 / 对 / 其实 / 一见钟情
      nǐ / wǒ / duì / qíshí / yíjiànzhōngqíng

      ➡ _____

   2) 내 여자 친구가 되어 줄래?

      你 / 我 / 吗 / 做 / 女朋友 / 的 / 愿意
      nǐ / wǒ / ma / zuò / nǚpéngyou / de / yuànyì

      ➡ _____

   3) 오늘부터 우리 사귀자!

      今天 / 交往 / 从 / 我们 / 吧 / 开始
      jīntiān / jiāowǎng / cóng / wǒmen / ba / kāishǐ

      ➡ _____

정답 1. 1) A: 天哪, 这儿的夜景真 B: 今天你更 2) A: 这是我送你的 B: 好感动啊
2. 1) 其实我对你一见钟情。 2) 你愿意做我的女朋友吗? 3) 从今天开始我们交往吧!

알아 두면 꿀 떨어지는 꿀 표현

초급 딱지를 떼고 중급으로 올라가면, 중국인들이 생활 속에서 성어를 자주 쓴다는 걸 알 수 있어요. 그래서 중국어 어휘가 점점 어렵게 느껴지죠. 어렵다고 포기하지 말고, 숫자가 들어가서 익히기 쉬운 성어부터 차근차근 공부해 봐요.

一心一意   전심으로. 일편단심으로.
yìxīnyíyì

我对你一心一意。   난 너한테 일편단심이야.
Wǒ duì nǐ yìxīnyíyì.

一生一世   한평생. 일생.
yìshēngyíshì

我爱你一生一世。   널 사랑해 평생.
Wǒ ài nǐ yìshēngyíshì.

三心二意   마음속으로 이리저리 망설이다. 딴마음을 품다.
sānxīn'èryì

不要三心二意。   딴마음 먹지 마.
Búyào sānxīn'èryì.

乱七八糟   엉망진창이다.
luànqībāzāo

我的房间总是乱七八糟的。   내 방은 늘 엉망진창이야.
Wǒ de fángjiān zǒngshì luànqībāzāo de.

다이어트를 하다

상황 오늘 유나는 밥을 먹지 않는다고 해요. 왜 그럴까요?

등장인물 왕후이, 유나(로우나)

강의 보기

대화 내용 확인하기 음원 듣기 5-1

▶ MP3 음원을 들으며 대화 내용과 발음을 확인해 보세요.

문장 익히기 1

 찐티앤 워 뿌 츠 판 러, 니 이 거 런 츠 바.
今天我不吃饭了，你一个人吃吧。
Jīntiān wǒ bù chī fàn le, nǐ yí ge rén chī ba.
오늘 나 밥 안 먹을래, 너 혼자 먹어.

 찐티앤 니 웨이션머 뿌 츠?
今天你为什么不吃?
Jīntiān nǐ wèishénme bù chī?
오늘 너 왜 안 먹어?

一个人 yí ge rén 한 사람
为什么 wèishénme 왜
上课 shàngkè 수업하다
回家 huíjiā 집에 가다
玩儿 wánr 놀다
酒 jiǔ 술

1 ~ 안 할래

- '不 bù+동사+了 le'는 '~ 안 할래'라는 의미로, 심경의 변화가 생겨서 무엇을 하지 않을 때 쓰는 표현이에요. 이때 '了'는 '~했다'라고 풀이하지 않아요.

  오늘 나 수업 안 갈래. **今天我不去上课了。**
  Jīntiān wǒ bú qù shàngkè le.

  오늘 나 집에 안 갈래. **今天我不回家了。**
  Jīntiān wǒ bù huíjiā le.

- '一个人 yí ge rén'은 '한 사람'이라는 뜻이에요. '你一个人 Nǐ yí ge rén+동사+吧 ba'는 '너 혼자 ~ 해라'라는 의미예요.

  너 혼자 놀아. **你一个人玩儿吧。**
  Nǐ yí ge rén wánr ba.

2 이유 묻기

- 이유를 물을 때는 '为什么? Wèishénme?'로 물어보는데, '왜 ~ 안 해?'라고 물을 때는 '为什么 wèishénme+不 bù+동사?'로 물어봐요.

  너 왜 술 안 마셔? **你为什么不喝酒?**
  Nǐ wèishénme bù hē jiǔ?

 아하!

'怎么 zěnme'에도 '왜', '어째서'라는 의미가 있어요.
너 왜(어째서) 술 안 마셔? 你怎么不喝酒?
Nǐ zěnme bù hē jiǔ?

문장 익히기 ❷

총 찐티앤 카이스 워 야오 지앤페이!
从今天开始我要减肥!
Cóng jīntiān kāishǐ wǒ yào jiǎnféi!
오늘부터 나 다이어트할 거야!

니 부용 지앤페이아! 씨앤짜이 쩡 하오!
你不用减肥啊! 现在正好!
Nǐ búyòng jiǎnféi a! Xiànzài zhèng hǎo!
너 다이어트할 필요 없어! 지금 딱 좋아!

减肥 jiǎnféi	다이어트하다
不用 búyòng	~할 필요 없다
正 zhèng	마침, 꼭, 딱
努力 nǔlì	노력하다
学习 xuéxí	공부하다
运动 yùndòng	운동하다, 운동
下个月 xià ge yuè	다음 달
英语 Yīngyǔ	영어
整容 zhěngróng	성형하다
赚钱 zhuànqián	돈을 벌다

1 ~부터 ~할 거야!

- '从今天开始我要 Cóng jīntiān kāishǐ wǒ yào+동사'는 '오늘부터 ~할 거야!'라는 문장인데요. '今天 jīntiān' 대신 다양한 시간사가 들어갈 수 있어요.

오늘부터 나 열심히 공부할 거야.   **从今天开始我要努力学习。**
Cóng jīntiān kāishǐ wǒ yào nǔlì xuéxí.

내일부터 나 운동할 거야.   **从明天开始我要运动。**
Cóng míngtiān kāishǐ wǒ yào yùndòng.

다음 달부터 나 영어 공부할 거야.   **从下个月开始我要学英语。**
Cóng xià ge yuè kāishǐ wǒ yào xué Yīngyǔ.

2 ~할 필요 없다

- '不用 búyòng+동사'는 '~할 필요 없다'라는 표현이에요.

너 성형할 필요 없어.   **你不用整容。**
Nǐ búyòng zhěngróng.

너 돈 벌 필요 없어.   **你不用赚钱。**
Nǐ búyòng zhuànqián.

'不用了! Búyòng le!'는 '필요 없어요!', '괜찮아요!'라는 뜻으로, 사양할 때 하는 말이에요.

문장 익히기 3

哪儿啊！我比以前胖了很多！
Nǎr a! Wǒ bǐ yǐqián pàng le hěn duō!
어디가! 나 전보다 살 많이 쪘어!

看不出来啊！胖了多少？
Kàn bu chūlái a! pàng le duōshao?
그렇게 안 보이는데! 얼마나 쪘는데?

단어		
哪儿 nǎr	어디	
比 bǐ	~보다(비교)	
以前 yǐqián	이전	
胖 pàng	뚱뚱하다, 살찌다	
看不出来 kàn bu chūlái	분간할 수 없다	
多少 duōshao	얼마	
瘦 shòu	마르다	
成熟 chéngshú	성숙하다	
想 xiǎng	생각하다	

1 예전보다 많이 ~해지다

- 'A+比 bǐ+B+형용사'는 'A는 B보다 ~하다'라는 비교문이에요. '比以前 bǐ yǐqián+동사/형용사+了 le+很多 hěn duō'는 '예전보다 많이 ~해지다'라는 표현이에요.

나 예전보다 살 많이 빠졌어.   **我比以前瘦了很多。**
Wǒ bǐ yǐqián shòu le hěn duō.

너 예전보다 많이 성숙해졌어.   **你比以前成熟了很多。**
Nǐ bǐ yǐqián chéngshú le hěn duō.

2 방향 보어와 가능 보어

- '出来 chūlái'는 '나오다'라는 뜻인데, 동사 뒤에서 방향 보어로 쓰이면 '(추상적 의미로) 안에서 밖으로 나오다'라는 의미예요. '동사+得 de+방향 보어'의 형태로 구조 조사 '得 de'가 중간에 더해지면, 가능 보어가 돼요. 부정형은 '得 de' 대신 '不 bu'를 넣어 줘요.

| 알아보다. | **看出来。** Kàn chūlái | 알아볼 수 있다. | **看得出来。** Kàn de chūlái. | 알아볼 수 없다. | **看不出来。** kàn bu chūlái. |
| 생각해 내다. | **想出来。** Xiǎng chūlái. | 생각해 낼 수 있다. | **想得出来。** Xiǎng de chūlái. | 생각해 낼 수 없다. | **想不出来。** Xiǎng bu chūlái. |

> '哪儿啊! Nǎr a!'는 겸손의 표현이에요. 겸손하게 '아니에요!'라고 할 때는 '没有! Méiyǒu!'라고 하면 돼요.

문장 익히기 4

워 라이 쭝구어 이호우 팡 러 리우 찐!
我来中国以后胖了六斤!
Wǒ lái Zhōngguó yǐhòu pàng le liù jīn!
나 중국에 온 후로 3kg 쪘어!

뿌 츠 판 뚜이 찌앤캉 뿌 하오.
不吃饭对健康不好。
Bù chī fàn duì jiànkāng bù hǎo.
밥 안 먹는 건 건강에 안 좋아.

니 하이스 뚸어 윈똥 바.
你还是多运动吧。
Nǐ háishi duō yùndòng ba.
너 차라리 운동을 많이 해.

以后 yǐhòu   이후
斤 jīn   근(500g)
健康 jiànkāng   건강, 건강하다
还是 háishi   ~하는 편이 좋다
红参 hóngshēn   홍삼
身体 shēntǐ   몸, 신체
抽烟 chōuyān   담배를 피우다
放弃 fàngqì   포기하다

1 무게 단위

- '1斤 yì jīn'은 '500g(그램)'이므로, '六斤 liù jīn'은 '3kg(킬로그램)'이에요. 'kg'은 '公斤 gōngjīn'이라고 하는데, 중국인들은 몸무게를 이야기할 때 주로 '斤 jīn'으로 표현해요. 또한, 가게에서 고기나 과일을 팔 때에도 '斤'으로 달아서 팔아요.

나 한국에 온 후로 5kg 빠졌어.   **我来韩国以后瘦了十斤。**
Wǒ lái Hánguó yǐhòu shòu le shí jīn.

2 ~에 좋다/안 좋다

- 'A+对 duì+B+好 hǎo/不好 bù hǎo'는 'A는 B에 좋다/안 좋다'라는 의미예요.

홍삼은 몸에 좋아요.   **红参对身体好。**
Hóngshēn duì shēntǐ hǎo.

담배 피우는 건 건강에 안 좋아요.   **抽烟对健康不好。**
Chōuyān duì jiànkāng bù hǎo.

- '还是 háishi'는 '차라리 ~하는 편이 더 낫다'라는 의미예요.

너 차라리 포기해.   **你还是放弃吧。**
Nǐ háishi fàngqì ba.

'还是 háishi'는 '여전히'라는 뜻이나 선택 의문문인 'A还是B?(A 아니면 B?)'의 형태를 만들 때도 쓰여요.

나는 여전히 너를 좋아해.   我还是很喜欢你。
Wǒ háishi hěn xǐhuan nǐ.

나야 아니면 그녀야?   我还是她?
Wǒ háishi tā?

문장 익히기 5

하오 더.　워 카오뤼 이시아!
好的。我考虑一下!
Hǎo de. Wǒ kǎolǜ yíxià!
그래. 좀 생각해 볼게!

쉬에씨아오리 요우 찌앤션팡,
学校里有健身房,
Xuéxiàoli yǒu jiànshēnfáng,
학교 안에 헬스장이 있는데,

즈야오 요우 쉬에셩쩡 찌우 커이 미앤페이 용!
只要有学生证就可以免费用!
zhǐyào yǒu xuéshēngzhèng jiù kěyǐ miǎnfèi yòng!
학생증만 있으면 무료로 사용할 수 있어!

考虑 kǎolǜ 고려하다
一下 yíxià 좀 ~하다
学校 xuéxiào 학교
里 li 안, 속
健身房 jiànshēnfáng 헬스장
只要 zhǐyào ~하기만 하면
学生证 xuéshēngzhèng 학생증
就 jiù 곧, 바로
免费 miǎnfèi 무료로 하다
用 yòng 쓰다, 사용하다
试 shì 시험 삼아 해 보다
和 hé ~와(과)
行 xíng 된다, 괜찮다
名牌大学 míngpái dàxué
　　명문 대학

1 좀 ~하다

- '동사+一下 yíxià'는 '좀 ~하다'라는 의미로, 가벼운 동작을 나타내요.

제가 좀 볼게요.　**我看一下。**
　　　　　　　　Wǒ kàn yíxià.

한번 해 보세요.　**你试一下。**
　　　　　　　　Nǐ shì yíxià.

2 ~하기만 하면 ~하다

- '只要 zhǐyào+A+就 jiù+B'는 'A하기만 하면 B하다'라는 의미예요. '可以 kěyǐ'는 '~할 수 있다'이므로, '只要+A+就可以+B'는 'A하기만 하면 B할 수 있다'라는 표현이에요.

너랑 같이 있기만 하면 돼.　**只要和你在一起就行。**
　　　　　　　　　　　　　Zhǐyào hé nǐ zài yìqǐ jiù xíng.

열심히 공부하기만 하면 명문 대학에 합격할 수 있어.
只要努力学习就可以考上名牌大学。
Zhǐyào nǔlì xuéxí jiù kěyǐ kǎoshàng míngpái dàxué.

혹시 여러분도 '네. 좀 생각해 볼게요.'라고 하면서 거절했던 적 있나요? '我考虑一下。Wǒ kǎolǜ yíxià.'는 중국인들이 에둘러 거절할 때 쓰는 표현이에요.

문장 익히기 6

짜이 날?
在哪儿?
Zài nǎr?
어디에 있어?

짜이 빤꽁로우 이 청. 찌우 짜이 요우쥐 팡삐앤.
在办公楼一层。就在邮局旁边。
Zài bàngōnglóu yì céng. Jiù zài yóujú pángbiān.
사무동 1층에 있어. 우체국 바로 옆에 있어.

在 zài ~에 있다
办公楼 bàngōnglóu 사무동
层 céng 층
邮局 yóujú 우체국
旁边 pángbiān 옆
地铁站 dìtiězhàn 지하철역
前边 qiánbian 앞쪽
银行 yínháng 은행
后边 hòubian 뒤쪽

1 바로 ~에 있다

- '就在 jiù zài+장소'는 '바로 ~에 있다'라는 표현이에요.

지하철역 바로 옆에 있어.
就在地铁站旁边。
Jiù zài dìtiězhàn pángbiān.

우리 집 바로 앞에 있어.
就在我家前边。
Jiù zài wǒ jiā qiánbian.

은행 바로 뒤에 있어.
就在银行后边。
Jiù zài yínháng hòubian.

'楼 lóu'는 '건물'이라는 뜻도 있고, '(건물의) 층'이라는 의미도 있어서 '1층'을 '一楼 yì lóu'라고도 해요.

문장 익히기 7

커스 워 뚜이 찌앤션 메이요우 씽취.
可是我对健身没有兴趣。
Kěshì wǒ duì jiànshēn méiyǒu xìngqù.
근데 나 헬스에는 흥미가 없어.

나 워먼 취 티위구안 다 위마오치우 바!
那我们去体育馆打羽毛球吧!
Nà wǒmen qù tǐyùguǎn dǎ yǔmáoqiú ba!
그럼 우리 체육관에 가서 배드민턴 치자!

可是 kěshì	그러나, 그렇지만
健身 jiànshēn	헬스
兴趣 xìngqù	흥미
体育馆 tǐyùguǎn	체육관
打 dǎ	치다, (운동을) 하다
羽毛球 yǔmáoqiú	배드민턴
动物 dòngwù	동물
明星 míngxīng	연예인, 스타
乒乓球 pīngpāngqiú	탁구
踢 tī	(발로) 차다
足球 zúqiú	축구
滑雪 huáxuě	스키 타다

1 ~에 흥미가 있다/없다

- 접속사 '可是 kěshì'는 '但是 dànshì'와 비슷한 의미예요. '对 duì+A+有 yǒu/没有 méiyǒu+兴趣 xìngqù'는 'A에 흥미가 있다/없다'라는 뜻의 문장이에요.

나는 동물에 흥미가 있어.　　**我对动物有兴趣。**
　　　　　　　　　　　　　　Wǒ duì dòngwù yǒu xìngqù.

나는 연예인에게 흥미가 없어.　**我对明星没有兴趣。**
　　　　　　　　　　　　　　Wǒ duì míngxīng méiyǒu xìngqù.

2 연동문

- 동사가 2개 이상 나오는 '연동문'에서는 먼저 행하는 동작부터 말해 주세요. '打 dǎ'는 '(손으로) 치다'라는 의미를 가진 동사로, '전화를 걸다'라는 뜻이나 '(손으로 하는 운동을) 하다'라는 뜻도 있어요.

우리 체육관에 가서 탁구 치자.　**我们去体育馆打乒乓球吧。**
　　　　　　　　　　　　　　　Wǒmen qù tǐyùguǎn dǎ pīngpāngqiú ba.

발로 하는 운동은 동사 '踢 tī', 얼음이나 눈 위에서 미끄러지며 하는 운동은 동사 '滑 huá'를 써서 말해요.

축구하러 가자.　　**去踢足球吧。**　　　스키 타러 가자.　　**去滑雪吧。**
　　　　　　　　　Qù tī zúqiú ba.　　　　　　　　　　　　Qù huáxuě ba.

핵심 패턴 연습하기 🎧 음원 듣기 5-2

➡ 빈칸에 다양한 표현을 넣어 큰 소리로 연습해 보세요.

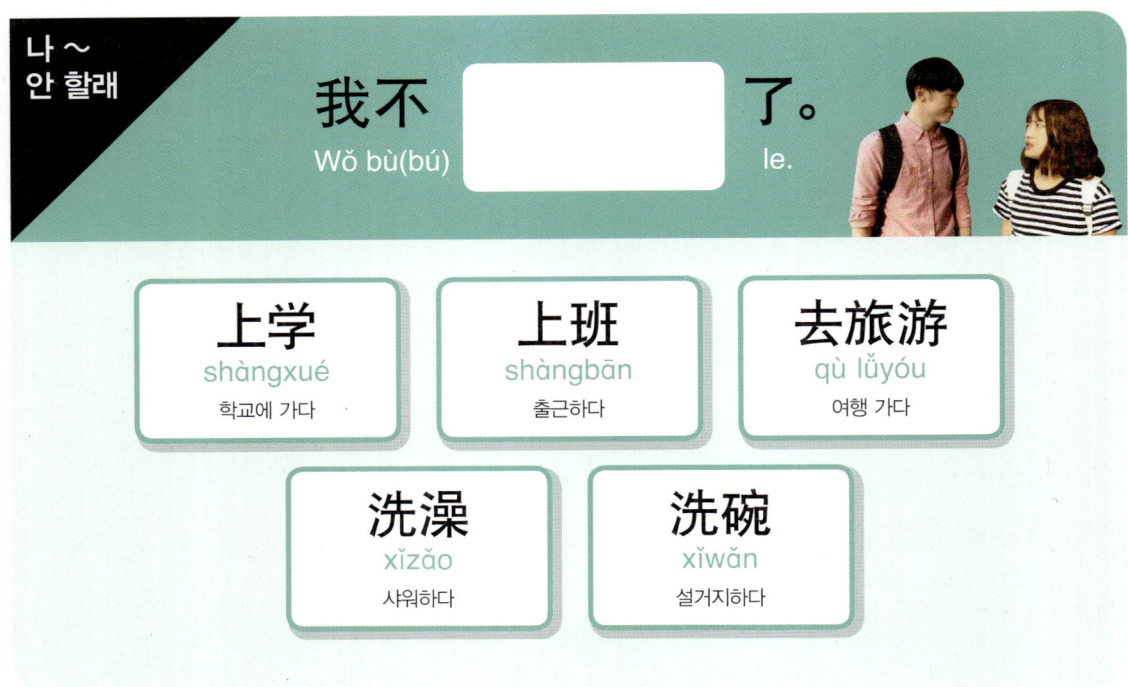

뿜뿜 대화 체험하기

◆ 우리말 대본을 참고하여, 아래 영상에서 소리가 빈 부분을 중국어로 말해 보세요.

다이어트를 하다

유나: 오늘 나 밥 안 먹을래, 너 혼자 먹어.
왕후이: 오늘 너 왜 안 먹어?
유나: 오늘부터 나 다이어트할 거야!
왕후이: 너 다이어트할 필요 없어! 지금 딱 좋아!
유나: 어디가! 나 전보다 살 많이 쪘어!
왕후이: 그렇게 안 보이는데! 얼마나 쪘는데?
유나: 나 중국에 온 후로 3kg 쪘어!
왕후이: 밥 안 먹는 건 건강에 안 좋아. 너 차라리 운동을 많이 해.
유나: 그래. 좀 생각해 볼게!
왕후이: 학교 안에 헬스장이 있는데, 학생증만 있으면 무료로 사용할 수 있어!
유나: 어디에 있어?
왕후이: 사무동 1층에 있어. 우체국 바로 옆에 있어.
유나: 근데 나 헬스에는 흥미가 없어.
왕후이: 그럼 우리 체육관에 가서 배드민턴 치자!

쏙쏙 문장 만들기

1. 우리말 대화를 보고, 중국어 문장을 완성해 보세요.

   1) A: 오늘 나 밥 안 먹을래.

      今天_____。

      B: 오늘 너 왜 안 먹어?

      今天_____?

   2) A: 오늘부터 나 다이어트할 거야!

      _____减肥!

      B: 너 다이어트할 필요 없어!

      _____啊!

2. 주어진 단어를 이용하여, 중국어 문장을 만들어 보세요.

   1) 나 전보다 살 많이 쪘어!

      多 / 以前 / 很 / 胖 / 了 / 比 / 我
      duō / yǐqián / hěn / pàng / le / bǐ / wǒ

      ➡ _____

   2) 학생증만 있으면 무료로 사용할 수 있어!

      只要 / 可以 / 学生证 / 免费 / 有 / 就 / 用
      zhǐyào / kěyǐ / xuéshēngzhèng / miǎnfèi / yǒu / jiù / yòng

      ➡ _____

   3) 나 헬스에는 흥미가 없어.

      兴趣 / 对 / 健身 / 没有 / 我
      xìngqù / duì / jiànshēn / méiyǒu / wǒ

      ➡ _____

정답 1. 1) A: 我不吃饭了 B: 你为什么不吃   2) A: 从今天开始我要 B: 你不用减肥
2. 1) 我比以前胖了很多!   2) 只要有学生证就可以免费用!   3) 我对健身没有兴趣。

 **알아 두면 꿀 떨어지는 꿀 표현**

운동과 관련된 어휘를 알아볼까요?

탁구를 치다
打乒乓球 dǎ pīngpāngqiú

야구를 하다
打棒球 dǎ bàngqiú

농구를 하다
打篮球 dǎ lánqiú

배구를 하다
打排球 dǎ páiqiú

골프를 치다
打高尔夫 dǎ gāo'ěrfū

당구를 치다
打台球 dǎ táiqiú

테니스를 치다
打网球 dǎ wǎngqiú

볼링을 치다
打保龄球 dǎ bǎolíngqiú

축구를 하다
踢足球 tī zúqiú

수영하다
游泳 yóuyǒng

스키를 타다
滑雪 huáxuě

스케이트를 타다
滑冰 huábīng

06 함께 등교하다

我们边走边吃吧。

상황 왕후이와 유나가 같이 등교하기로 했는데, 유나가 늦잠을 잤어요.

등장인물  왕후이  유나(로우나)

강의 보기

대화 내용 확인하기 〔음원 듣기 6-1〕

▶ MP3 음원을 들으며 대화 내용과 발음을 확인해 보세요.

웨이, 씨앤짜이 또우 빠 디앤 빤 러! 워 짜이 와이미앤 덩 저 니 너.
喂，现在都八点半了！我在外面等着你呢。

아이야, 워 슈이꾸어토우 러! 씨앤짜이 차이 치추앙!
哎呀，我睡过头了！现在才起床！

비에 자오지! 니 만만 라이 바!
别着急！你慢慢来吧！

하오 더, 워 마샹 씨아취!
好的，我马上下去！

쩐 뿌하오이쓰, 랑 니 지우 덩 러.
真不好意思，让你久等了。

메이 꽌시! 워 깡 마이 러 자오디앤, 니 천 러 츠.
没关系！我刚买了早点，你趁热吃。

쩌 스 짜이 날 마이 더?
这是在哪儿买的？

짜이 컨더찌 마이 더. 스 요우티아오 허 또우지앙.
在肯德基买的。是油条和豆浆。

씨에씨에! 하오 씨앙 아!
谢谢！好香啊！

워먼 삐앤 조우 삐앤 츠 바. 야오부란 츠따오 러!
我们边走边吃吧。要不然迟到了！

문장 익히기

웨이, 씨앤짜이 또우 빠 디앤 빤 러!
喂，现在都八点半了!
Wéi, xiànzài dōu bā diǎn bàn le!
여보세요, 지금 벌써 8시 반이야!

워 짜이 와이미앤 덩 저 니 너.
我在外面等着你呢。
wǒ zài wàimiàn děng zhe nǐ ne.
나 밖에서 널 기다리고 있어.

아이야, 워 슈이꾸어토우 러! 씨앤짜이 차이 치추앙!
哎呀，我睡过头了! 现在才起床!
Āiyā, wǒ shuìguòtóu le! Xiànzài cái qǐchuáng!
아이고, 나 늦잠 잤어! 지금 일어났어!

喂 wéi	여보세요
都 dōu	모두, 벌써
外面 wàimiàn	밖, 바깥
着 zhe	~하고 있다, ~해 있다
哎呀 āiyā	아이고
睡过头 shuìguòtóu	늦잠 자다
起床 qǐchuáng	일어나다
总是 zǒngshì	늘, 언제나
躺 tǎng	눕다
拿 ná	잡다, 쥐다
东西 dōngxi	물건
出发 chūfā	출발하다

1 동태 조사 着

- 동태 조사 '着 zhe'는 동사나 형용사 뒤에 위치하여 동작이나 상태가 지속하고 있음을 나타내요. 문장 끝의 '呢 ne'는 말투를 부드럽게 하기 위한 어기 조사예요.

우리 아빠는 집에서 늘 누워 계세요.
我爸爸在家总是躺着。
Wǒ bàba zài jiā zǒngshì tǎng zhe.

나 물건을 많이 들고 있잖아.
我拿着很多东西呢。
Wǒ ná zhe hěn duō dōngxi ne.

2 부사 才

- '才 cái'는 '~에서야', '비로소'라는 뜻으로, 생각보다 늦은 상황을 표현할 때 써요. '现在才起床。 Xiànzài cái qǐchuáng.'은 '지금에서야 일어났어요.'라는 의미죠. '才 cái'와 의미가 반대되는 부사인 '就 jiù'는 '곧', '바로'라는 뜻으로, 생각보다 빠르게 진행된 상황을 나타낼 때 써요.

7시 출발인데, 그는 8시에야 왔어요.
七点出发，他八点才来了。
Qī diǎn chūfā, tā bā diǎn cái lái le.

9시 출발인데, 그는 8시에 왔어요.
九点出发，他八点就来了。
Jiǔ diǎn chūfā, tā bā diǎn jiù lái le.

- 부사 '都 dōu'는 '모두'라는 뜻으로 많이 쓰이지만, 문맥에 따라 '벌써'라는 뜻으로도 쓰여요.
- '늦잠 자다'라는 표현으로는 '睡过头 shuìguòtóu'와 '睡懒觉 shuìlǎnjiào'가 있어요. '睡过头'는 일찍 일어나야 하는데 늦잠을 잔 경우에, '睡懒觉'는 쉬는 날이어서 일부러 늦잠을 잔 경우에 써요.

문장 익히기 ②

 비에 자오지! 니 만만 라이 바!
别着急! 你慢慢来吧!
Bié zháojí! Nǐ mànmān lái ba!
서두르지 마! 천천히 해!

 하오 더, 워 마샹 씨아취!
好的, 我马上下去!
Hǎo de, wǒ mǎshàng xiàqù!
응, 나 바로 내려갈게!

别 bié ~하지 마라
着急 zháojí 조급해하다
慢 màn 느리다
马上 mǎshàng 곧, 즉시
走 zǒu 걷다, 가다, 떠나다
哭 kū 울다
吵架 chǎojià 말다툼하다

1 ~하지 마라

- '别 bié+동사'는 '~하지 마라'라는 의미로, '不要 búyào+동사'와 같은 의미예요.

떠나지 마.	울지 마.	싸우지 마.
别走。	别哭。	不要吵架。
Bié zǒu.	Bié kū.	Búyào chǎojià.

- 형용사를 중첩하면 의미가 더욱 강조돼요. '你慢慢来吧! Nǐ mànmān lái ba!'에서 '慢慢 mànmān'은 '慢慢地 mànmān de(천천히)'에서 '地 de'가 생략된 모양이에요. 그리고 1음절 형용사를 중첩하면 두 번째 음절은 1성으로 발음해요.

2 방향 보어

- 동사 뒤에서 동작의 방향을 나타내는 것을 방향 보어라고 하는데, '동사+来 lái/去 qù'의 형태를 '단순 방향 보어'라고 해요. '下去 xiàqù'에서 동사는 '下'이고 '去'는 방향 보어로, 이를 풀이하면 '내려가다'라는 뜻이에요.

※ 자주 쓰이는 방향 보어

내려오다	내려가다	올라오다	올라가다	들어오다	들어가다	돌아오다	돌아가다
下来	下去	上来	上去	进来	进去	回来	回去
xiàlái	xiàqù	shànglái	shàngqù	jìnlái	jìnqù	huílái	huíqù

중국인들의 성격을 대표하는 말로 '만만디'라는 표현이 있죠? 무슨 일이든 느긋하게 하는 중국인 특유의 성향을 나타낸 말인데요. 중국에 가면 '别着急! 你慢慢来吧! Bié zháojí! Nǐ mànmān lái ba!'라는 말을 많이 듣게 될 거예요.

문장 익히기 3

쩐 뿌하오이쓰, 랑 니 지우 덩 러.
真不好意思，让你久等了。
Zhēn bùhǎoyìsi, ràng nǐ jiǔ děng le.
진짜 미안해, 오래 기다리게 했네.

메이 꽌시! 워 깡 마이러 자오디앤, 니 천 러 츠.
没关系！我刚买了早点，你趁热吃。
Méi guānxi! Wǒ gāng mǎi le zǎodiǎn, nǐ chèn rè chī.
괜찮아! 내가 방금 아침밥 사 왔는데, 너 뜨거울 때 먹어.

不好意思 bùhǎoyìsi 죄송합니다
让 ràng ~하게 하다
久 jiǔ 오래다
没关系 méi guānxi 괜찮다
刚 gāng 지금, 막, 방금
早点 zǎodiǎn 아침 식사
趁 chèn 이용해서, ~틈타서
热 rè 덥다, 뜨겁다
相亲 xiāngqīn 선보다
交 jiāo 사귀다
刚才 gāngcái 지금, 막, 방금
作业 zuòyè 숙제

1 ~하게 하다

- '让 ràng'은 '~로 하여금 ~하게 하다'라는 뜻을 가진 사역 동사로, 'A+让 ràng+B+동사'는 'A가 B한테 ~하게 하다'라는 의미예요. '让你久等了。ràng nǐ jiǔ děng le.'는 '(내가) 너한테 오래 기다리게 했다.' 라는 뜻이에요. 부정형은 'A+不让 bú ràng+B+동사'이며, 'A가 B한테 ~을 못 하게 하다'라는 뜻이에요.

엄마는 나한테 선보러 가라고 해요.	**妈妈让我去相亲。**
	Māma ràng wǒ qù xiāngqīn.

아빠는 내가 남자 친구를 못 사귀게 해요.	**爸爸不让我交男朋友。**
	Bàba bú ràng wǒ jiāo nánpéngyou.

2 부사 刚

- 부사 '刚 gāng'은 '방금', '막'이라는 뜻으로, 동사 앞에 위치해요. 부정 부사 '不 bù'나 '没 méi'와 함께 쓸 수 없어요. '刚刚 gānggāng'은 시간이 더 긴박함을 나타내요.

저 방금 집에 왔어요.	**我刚刚回家了。**
	Wǒ gānggāng huíjiā le.

'刚 gāng'과 비슷한 의미의 단어 '刚才 gāngcái'는 명사로, 주어의 앞과 뒤에 모두 위치할 수 있어요. 부정 부사 '不 bù'나 '没 méi'와 함께 쓸 수 있어요.

방금 너 뭐 했어?	**刚才你做什么了？**	너 방금 숙제 안 했지?	**你刚才没做作业吧？**
	Gāngcái nǐ zuò shénme le?		Nǐ gāngcái méi zuò zuòyè ba?

문장 익히기 ❹

쩌 스 짜이 날 마이 더?
这是在哪儿买的?
Zhè shì zài nǎr mǎi de?
이거 어디에서 산 거야?

짜이 컨더찌 마이 더. 스 요우티아오 허 또우지앙.
在肯德基买的。是油条和豆浆。
Zài Kěndéjī mǎi de. Shì yóutiáo hé dòujiāng.
KFC에서 샀어. 요우티아오랑 두유야.

肯德基 Kěndéjī KFC
油条 yóutiáo 요우티아오
豆浆 dòujiāng 두유
什么时候 shénmeshíhou 언제
怎么 zěnme 어떻게, 왜
昨天 zuótiān 어제
坐 zuò 타다, 앉다
火车 huǒchē 기차
麦当劳 Màidāngláo 맥도날드

1 是～的 구문

- '是 shì～的 de'는 어떤 동작이 발생한 시간, 장소, 방식 등을 강조하는 표현으로, 강조하려는 내용을 '是 shì'와 '的 de' 사이에 넣어 줘요. 주어와 '是 shì'는 생략할 수 있어요. 부정형은 '不是 bú shì～的 de'의 형식을 써요.

너 언제 온 거야?	你**是**什么时候来**的**? Nǐ shì shénmeshíhou lái de?
어제 왔어.	昨天来**的**。 Zuótiān lái de.
너 어떻게 왔어?	你**是**怎么来**的**? Nǐ shì zěnme lái de?
기차 타고 왔어.	坐火车来**的**。 Zuò huǒchē lái de.
이거 맥도날드에서 산 거 아니에요.	这**不是**在麦当劳买**的**。 Zhè bú shì zài Màidāngláo mǎi de.

'油条 yóutiáo'와 '豆浆 dòujiāng'은 중국인들이 즐겨 먹는 아침 식사 중 하나예요. '요우티아오'는 밀가루를 반죽하여 길게 튀겨낸 것인데, 보통 요우티아오를 두유에 찍어 먹어요. KFC나 맥도날드에서 요우티아오와 두유를 팔까요? 네! 중국에서는 팝니다. 이것 말고도 중국인들이 아침 식사로 즐겨 먹는 '죽(粥 zhōu)'도 KFC와 맥도날드의 메뉴에서 볼 수 있어요.

문장 익히기 5

씨에씨에! 하오 씨앙 아!
谢谢！好香啊！
Xièxie! Hǎo xiāng a!
고마워! 냄새 좋다!

워먼 삐앤 조우 삐앤 츠 바. 야오부란 츠따오 러!
我们边走边吃吧。要不然迟到了！
Wǒmen biān zǒu biān chī ba. Yàoburán chídào le!
우리 가면서 먹자. 안 그러면 지각하겠어!

(一)边 (一)边 (yì)biān (yì)biān ～하면서 ～하다
要不然 yàoburán 그렇지 않으면
迟到 chídào 지각하다
电视 diànshì 텔레비전(TV)
上学 shàngxué 학교에 가다
打工 dǎgōng 아르바이트하다
抓住 zhuāzhù 잡다
后悔 hòuhuǐ 후회하다
睡不着觉 shuìbuzháojiào 잠을 이루지 못하다
日本 Rìběn 일본

1 ～하면서 ～하다

- '一边 yìbiān+동사+一边 yìbiān+동사'는 '～하면서 ～하다'라는 의미로, 두 가지 동작이 동시에 진행될 때 쓰는 표현이에요. '一'를 생략하고 '边 biān+동사+边 biān+동사'로 말해도 돼요.

저는 밥을 먹으면서 TV를 봐요.
我一边吃饭一边看电视。
Wǒ yìbiān chī fàn yìbiān kàn diànshì.

그는 학교에 다니면서 아르바이트를 해요.
他一边上学一边打工。
Tā yìbiān shàngxué yìbiān dǎgōng.

2 그렇지 않으면

- 접속사 '要不然 yàoburán'은 '그렇지 않으면', '아니면'이라는 뜻으로, 그 뒤에는 '～하게 될 거야'라는 추측의 내용이 와요.

그녀를 잡아. 그렇지 않으면 너 후회할 거야.
抓住她。要不然你会后悔。
Zhuāzhù tā. Yàoburán nǐ huì hòuhuǐ.

커피 마시지 마. 그렇지 않으면 밤에 잠 못 자.
别喝咖啡。要不然晚上睡不着觉。
Bié hē kāfēi. Yàoburán wǎnshang shuìbuzháojiào.

- '要不然 yàoburán' 뒤에 제안하는 내용이 올 수도 있어요.
  너 일본에 가기 싫어? 아니면 중국에 가라.   你不想去日本吗？要不然去中国吧。
  Nǐ bù xiǎng qù Rìběn ma? Yàoburán qù Zhōngguó ba.
- '好香啊! Hǎo xiāng a!'는 '향기롭다!'라는 뜻으로, 맛있는 음식을 앞에 두고 '맛있겠다!'라는 의미로 자주 써요.

핵심 패턴 연습하기 음원 듣기 6-2

→ 빈칸에 다양한 표현을 넣어 큰 소리로 연습해 보세요.

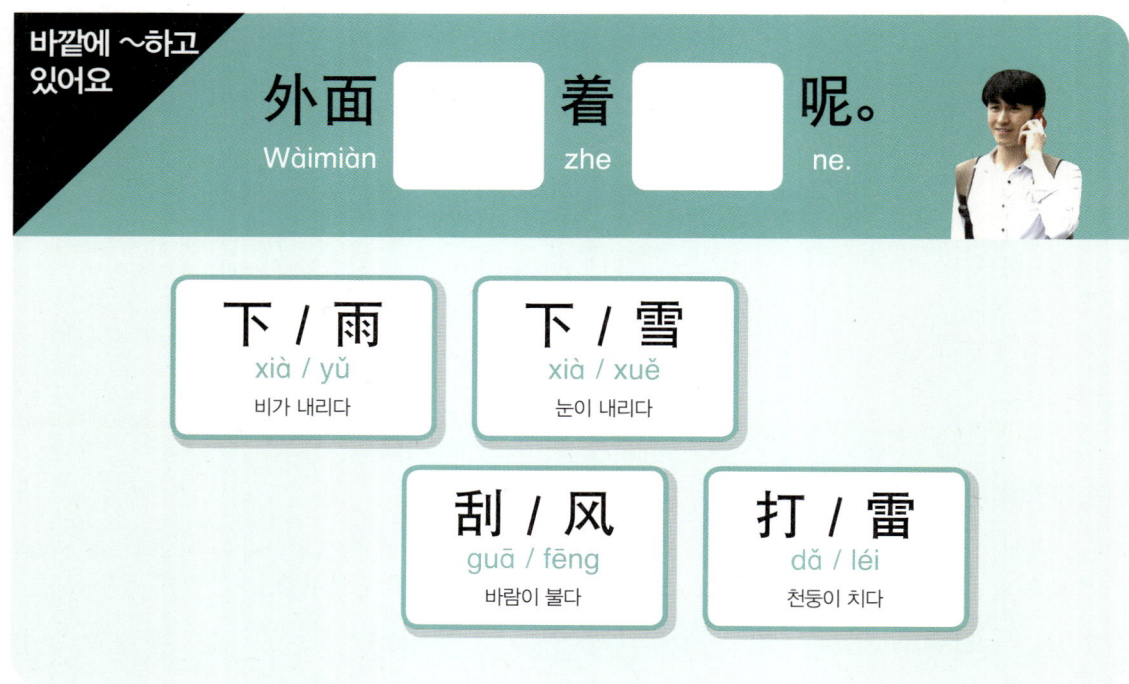

너 ~왔어? / 난 ~왔어

你是 ☐ 的? 我是 ☐ 的。
Nǐ shì　　　 de? Wǒ shì　　　 de.

从哪儿来 / 从首尔来
cóng nǎr lái / cóng Shǒu'ěr lái
어디에서 오다 / 서울에서 오다

几点来 / 八点来
jǐ diǎn lái / bā diǎn lái
몇 시에 오다 / 8시에 오다

저는 ~하면서 ~해요

我一边 ☐ 一边 ☐ 。
Wǒ Yìbiān　　　 yìbiān

做作业 / 看电视
zuò zuòyè / kàn diànshì
숙제하다 / TV를 보다

喝茶 / 写信
hē chá / xiě xìn
차를 마시다 / 편지를 쓰다

开车 / 化妆
kāichē / huàzhuāng
운전하다 / 화장하다

뿜뿜 대화 체험하기

▶ 우리말 대본을 참고하여, 아래 영상에서 소리가 빈 부분을 중국어로 말해 보세요.

함께 등교하다

왕후이: 여보세요, 지금 벌써 8시 반이야! 나 밖에서 널 기다리고 있어.

유나: 아이고, 나 늦잠 잤어! 지금 일어났어!

왕후이: 서두르지 마! 천천히 해!

유나: 응, 나 바로 내려갈게!

유나: 진짜 미안해, 오래 기다리게 했네.

왕후이: 괜찮아! 내가 방금 아침밥 사 왔는데, 너 뜨거울 때 먹어.

유나: 이거 어디에서 산 거야?

왕후이: KFC에서 샀어. 요우티아오랑 두유야.

유나: 고마워! 냄새 좋다!

왕후이: 우리 가면서 먹자. 안 그러면 지각하겠어!

쏙쏙 문장 만들기

1. 우리말 대화를 보고, 중국어 문장을 완성해 보세요.

    1) A: 지금 벌써 8시 반이야!

        现在_____!

        B: 아이고, 지금 일어났어!

        哎呀,_____!

    2) A: 서두르지 마! 천천히 해!

        别_____! 你_____!

        B: 응, 나 바로 내려갈게!

        _____的, 我_____!

2. 주어진 단어를 이용하여, 중국어 문장을 만들어 보세요.

    1) 진짜 미안해, 오래 기다리게 했네.

        不好意思 / 真 / 久 / 你 / 了 / 等 / 让
        bùhǎoyìsi   zhēn   jiǔ   nǐ   le   děng   ràng

        ▶ _____

    2) 내가 방금 아침밥 사 왔는데, 너 뜨거울 때 먹어.

        我 / 你 / 刚 / 吃 / 早点 / 买 / 趁 / 热 / 了
        wǒ   nǐ   gāng   chī   zǎodiǎn   mǎi   chèn   rè   le

        ▶ _____

    3) 우리 가면서 먹자.

        吧 / 吃 / 走 / 边 / 我们 / 边
        ba   chī   zǒu   biān   wǒmen   biān

        ▶ _____

정답 1. 1) A: 都八点半了 B: 现在才起床   2) A: 着急, 慢慢来吧 B: 好, 马上下去
       2. 1) 真不好意思, 让你久等了。 2) 我刚买了早点, 你趁热吃。 3) 我们边走边吃吧。

알아 두면 꿀 떨어지는 꿀 표현

중국인들은 대부분 아침 식사를 출근길이나 등굣길에 밖에서 간단하게 해결해요.
아침 일찍 나가도 아침밥을 파는 식당과 노점상이 많고, 값도 싸기 때문이죠.
요우티아오와 두유 외에 중국의 대표적인 아침 식사 메뉴를 소개할게요.

좁쌀죽
小米粥 xiǎomǐzhōu

팔보죽
(몸에 좋은 다양한
재료를 넣어 만든 죽)
八宝粥 bābǎozhōu

옥수수죽
玉米粥 yùmǐzhōu

송화단죽
(삭힌 오리알과 살코기 죽)
皮蛋瘦肉粥 pídànshòuròuzhōu

팥죽
红豆粥 hóngdòuzhōu

호박죽
南瓜粥 nánguāzhōu

차엽단
(간장, 향료, 찻잎과 함께 삶은 달걀)
茶叶蛋 cháyèdàn

전병
(얇은 밀가루 반죽에 달걀과 파 등을 넣어 구운 토스트 같은 것)
煎饼 jiānbing

만둣국
馄饨 húntun

(소가 든) 만두
(찐빵)
包子 bāozi

(소가 없는) 만두
(꽃빵 같은 것)
馒头 mántou

찜기에 찐 육즙이 진한 고기만두
小笼包 xiǎolóngbāo

아픈 여자 친구를 보살피다

상황 관찰하기

你应该回家休息。

상황 유나가 감기에 걸린 것 같아요. 왕후이가 자상하게 보살펴 주네요.

등장인물  왕후이  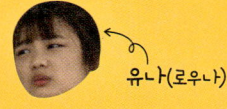 유나(로우나)

강의 보기

대화 내용 확인하기 〔음원 듣기 7-1〕

▶ MP3 음원을 들으며 대화 내용과 발음을 확인해 보세요.

니 전머 러? 리앤써 부 타이 하오. 날 뿌 슈푸?
你怎么了？脸色不太好。哪儿不舒服？

워 투란 토우 텅, 취앤션 파도우.
我突然头疼，全身发抖。

요우 메이요우 파샤오? 니 하오씨앙 간마오 러!
有没有发烧？你好像感冒了！

하오씨앙 스.
好像是。

니 잉까이 후이지아 씨우씨.
你应该回家休息。

응. 찌아리 요우 간마오야오. 츠 디얼 야오 찌우 후이 하오 더.
嗯。家里有感冒药。吃点儿药就会好的。

통우 짜이 지아 마?
同屋在家吗？

쩌 거 스지앤 타 커넝 부 짜이 지아.
这个时间她可能不在家。

나 워 라이 짜오꾸 니 바. 뿌 넝 랑 니 이 거 런 짜이 지아.
那我来照顾你吧。不能让你一个人在家。

요우 니 짜이 타이 하오 러.
有你在太好了。

문장 익히기 ①

니 전머 러? 리앤써 부 타이 하오.
你怎么了？脸色不太好。
Nǐ zěnme le? Liǎnsè bú tài hǎo.
너 왜 그래? 안색이 별로 안 좋네.

날 뿌 슈푸?
哪儿不舒服？
Nǎr bù shūfu?
어디 불편해?

워 투란 토우 텅, 취앤션 파도우.
我突然头疼，全身发抖。
Wǒ tūrán tóuténg, quánshēn fādǒu.
나 갑자기 머리가 아프고, 온몸이 으슬으슬 떨려.

脸色 liǎnsè	안색	
不太 bú tài	그다지 ~하지 않다	
舒服 shūfu	편안하다	
突然 tūrán	갑자기	
头 tóu	머리	
疼 téng	아프다	
全身 quánshēn	전신	
发抖 fādǒu	(덜덜) 떨다	
天气 tiānqì	날씨	
冷 lěng	춥다	
本 běn	권(단위)	
书 shū	책	

1 어떻게, 왜

- '怎么了? Zěnme le?'는 '왜 그래?'라는 뜻으로, 상대방이 평소와 달라 보일 때 하는 말이에요. '怎么 zěnme'는 '어떻게', '어째서', '왜'라는 의미로, '怎么 zěnme+동사?'는 '어떻게 ~해요?' 또는 '왜(어째서) ~해요?'라고 물어보는 말이에요.

중국어로 어떻게 말해요? **汉语怎么说？**
Hànyǔ zěnme shuō?

아빠는 왜 안 오세요? **爸爸怎么不来？**
Bàba zěnme bù lái?

2 그다지 ~하지 않다

- '不太 bú tài+형용사'는 '그다지 ~하지 않다'라는 의미로, '별로 ~하지 않다'라고 말할 때 자주 쓰는 표현이에요.

오늘 날씨는 별로 안 추워요. **今天天气不太冷。**
Jīntiān tiānqì bú tài lěng.

이 책은 별로 어렵지 않아요. **这本书不太难。**
Zhè běn shū bú tài nán.

병원에 가면 의사가 '哪儿不舒服? Nǎr bù shūfu?(어디가 불편하세요?)'라고 물어봐요. 그러면 '신체 부위+疼。téng.'을 써서 '~가 아파요.'라고 대답하면 돼요.

문장 익히기 2

요우 메이요우 파샤오? 니 하오씨앙 간마오 러!
有没有发烧？你好像感冒了！
Yǒu méiyǒu fāshāo? Nǐ hǎoxiàng gǎnmào le!
열은 안 났어? 너 감기에 걸린 것 같아!

하오씨앙 스.
好像是。
Hǎoxiàng shì.
그런 것 같아.

发烧 fāshāo 열이 나다
好像 hǎoxiàng 마치 ~와 같다
感冒 gǎnmào 감기(에 걸리다)
下班 xiàbān 퇴근하다
受伤 shòushāng 상처를 입다
歌手 gēshǒu 가수

1 有没有+동사

- '有没有 yǒu méiyǒu+명사?'는 '~가 있어요?'라는 뜻이죠? 그런데 '有没有+동사?'는 '~했어요?'라는 뜻으로, '동사+了吗? le ma?'와 같은 의미예요. 대답할 때는 긍정이면 '동사+了 le', 부정이면 '没有 méiyǒu+동사'를 써서 표현해요.

너 퇴근했어?	**你有没有下班?**	나 퇴근했어.	**我下班了。**
	Nǐ yǒu méiyǒu xiàbān?		Wǒ xiàbān le.
너 방학했어?	**你有没有放假?**	나 방학 안 했어.	**我没有放假。**
	Nǐ yǒu méiyǒu fàngjià?		Wǒ méiyǒu fàngjià.

2 ~인 것 같다

- '好像 hǎoxiàng+동사'는 '~인 것 같다'라는 의미예요. '感冒 gǎnmào'는 명사로는 '감기', 동사로는 '감기에 걸리다'라는 뜻이에요.

너 다친 것 같아.	**你好像受伤了。**
	Nǐ hǎoxiàng shòushāng le.
그는 가수인 것 같아요.	**他好像是歌手。**
	Tā hǎoxiàng shì gēshǒu.

'好像 hǎoxiàng' 뒤에 명사가 오면 '~와 같다(닮았다)'라는 의미예요. '你好像我妈妈. Nǐ hǎoxiàng wǒ māma.'는 '너 우리 엄마랑 닮았어.'라는 뜻이죠.

문장 익히기 3

니 잉까이 후이지아 씨우씨.
你应该回家休息。
Nǐ yīnggāi huíjiā xiūxi.
너 집에 가서 쉬어야겠다.

응. 찌아리 요우 간마오야오.
嗯。家里有感冒药。
Èng. Jiāli yǒu gǎnmàoyào.
응. 집에 감기약 있어.

츠 디얼 야오 찌우 후이 하오 더.
吃点儿药就会好的。
Chī diǎnr yào jiù huì hǎo de.
약 좀 먹으면 괜찮아질 거야.

应该 yīnggāi 마땅히 ~해야 한다
休息 xiūxi 쉬다
药 yào 약
(一)点儿 (yì)diǎnr 조금
保护 bǎohù 보호, 보호하다
环境 huánjìng 환경
好好儿 hǎohāor 잘, 충분히
汤 tāng 탕, 국

1 조동사 应该

- '应该 yīnggāi'는 '마땅히 ~해야 한다'라는 뜻의 조동사로, 뒤에 반드시 동사가 와요. 부정형은 '不应该 bù yīnggāi'라고 하며, '~해서는 안 된다'라는 뜻이에요.

우리는 환경을 보호해야 해요. **我们应该保护环境。**
Wǒmen yīnggāi bǎohù huánjìng.

너는 열심히 공부해야 해. **你应该好好儿学习。**
Nǐ yīnggāi hǎohāor xuéxí.

이렇게 해서는 안 돼요. **不应该这样做。**
Bù yīnggāi zhèyàng zuò.

2 조금

- '一点儿 yìdiǎnr'은 '조금'이라는 뜻으로, 동사나 형용사 뒤에 '一点儿'이 올 때는 '一'를 생략하고 '点儿 diǎnr'만 붙여요. '就会好的。jiù huì hǎo de.'는 '곧 좋아질(괜찮아질) 거야.'라는 뜻이에요.

뭐 좀 먹으면 괜찮아질 거야. **吃点儿东西就会好的。**
Chī diǎnr dōngxi jiù huì hǎo de.

탕을 좀 마시면 괜찮아질 거야. **喝点儿汤就会好的。**
Hē diǎnr tāng jiù huì hǎo de.

'嗯 èng'은 '응'이라는 대답이에요. 친구와 SNS로 대화할 때 유용하게 쓸 수 있어요. '흥'은 '哼 hèng', '치(쳇)'는 '切 qiè'라고 해요. 우리말과 발음도 비슷하죠?

문장 익히기 4

통우 짜이 지아 마?
同屋在家吗?
Tóngwū zài jiā ma?
룸메이트 집에 있어?

쩌 거 스지앤 타 커녕 부 짜이 지아.
这个时间她可能不在家。
Zhè ge shíjiān tā kěnéng bú zài jiā.
이 시간에 걔는 아마 집에 없을 거야.

同屋 tóngwū	룸메이트
可能 kěnéng	아마도
房东 fángdōng	집주인
同意 tóngyì	동의, 동의하다
条 tiáo	가늘고 긴 것을 세는 단위
路 lù	길
堵车 dǔchē	차가 막히다
绝对 juéduì	절대

1 룸메이트

- '同 tóng'은 '같다'라는 뜻이고, '屋 wū'는 '집'이라는 뜻이에요. 그래서 '同屋 tóngwū'는 '같은 집에 사는 사람', 즉 '룸메이트'라는 뜻이에요. 비슷한 조합으로 '同学 tóngxué'는 '학우(같이 공부하는 친구)', '同事 tóngshì'는 '직장 동료(같이 일하는 사람)'라는 뜻이에요.

2 아마도

- '可能 kěnéng'은 부사로 '아마도'라는 의미예요.

집주인은 아마도 동의하지 않을 거야.	**房东可能不同意。** Fángdōng kěnéng bù tóngyì.
그 길은 아마도 차가 막힐 거야.	**那条路可能会堵车。** Nà tiáo lù kěnéng huì dǔchē.
걔는 아마도 나를 안 좋아하나 봐.	**他可能不喜欢我。** Tā kěnéng bù xǐhuan wǒ.

'可能 kěnéng'은 형용사로 '가능하다', 명사로 '가능성'이라는 뜻도 있으니 함께 알아 두세요.

이게 가능해요?	这个可能吗? Zhè ge kěnéng ma?		
가능성이 있어요.	也有可能。 Yě yǒu kěnéng.	절대 불가능해요!	绝对不可能! Juéduì bù kěnéng!

문장 익히기 5

나 워 라이 짜오꾸 니 바.
那我来照顾你吧。
Nà wǒ lái zhàogù nǐ ba.
그럼 내가 널 보살펴야겠다.

뿌 넝 랑 니 이 거 런 짜이 지아.
不能让你一个人在家。
Bù néng ràng nǐ yí ge rén zài jiā.
너 혼자 집에 있게 할 순 없지.

요우 니 짜이 타이 하오 러.
有你在太好了。
Yǒu nǐ zài tài hǎo le.
네가 있어서 정말 좋아.

照顾 zhàogù 돌보다, 보살피다
不能 bù néng ~할 수 없다
幸福 xìngfú 행복하다
幸运 xìngyùn 행운, 운이 좋다
流 liú 흐르다
鼻涕 bítì 콧물
咳嗽 késou 기침(하다)
嗓子 sǎngzi 목(구멍)

1 할 수 없다

- '不能 bù néng'은 '~할 수 없다'라는 뜻으로, 조동사 '能 néng(할 수 있다)'의 부정형이에요. '让 ràng'은 '~로 하여금 ~하게 하다'라는 뜻이므로, '不能 bù néng+让 ràng+A+동사'는 'A한테 ~하게 할 수 없다'라는 뜻이에요.

그녀 혼자 가게 할 순 없어.
不能让她一个人走。
Bù néng ràng tā yí ge rén zǒu.

걔네 둘이 집에 있게 할 순 없어.
不能让他们两个人在家。
Bù néng ràng tāmen liǎng ge rén zài jiā.

2 네가 있어서

- '有你在 yǒu nǐ zài'는 '네가 있어서'라는 뜻이에요. '有你在 yǒu nǐ zài+형용사'로 '네가 있어서 ~하다'라는 표현을 할 수 있어요.

네가 있어서 정말 행복해.
有你在真幸福。
Yǒu nǐ zài zhēn xìngfú.

네가 있어서 정말 다행이야.
有你在真幸运。
Yǒu nǐ zài zhēn xìngyùn.

'头疼 tóu téng', '发烧 fāshāo' 외에 다양한 감기 증상을 중국어로 말해 볼까요?
콧물 나고, 기침하고, 목이 아파요. 流鼻涕, 咳嗽, 嗓子疼。
Liú bítì, késou, sǎngzi téng.

핵심 패턴 연습하기 음원 듣기 7-2

➜ 빈칸에 다양한 표현을 넣어 큰 소리로 연습해 보세요.

뿜뿜 대화 체험하기

➡ 우리말 대본을 참고하여, 아래 영상에서 소리가 빈 부분을 중국어로 말해 보세요.

아픈 여자 친구를 보살피다

왕후이: 너 왜 그래? 안색이 별로 안 좋네. 어디 불편해?

유나: 나 갑자기 머리가 아프고, 온몸이 으슬으슬 떨려.

왕후이: 열은 안 났어? 너 감기에 걸린 것 같아!

유나: 그런 것 같아.

왕후이: 너 집에 가서 쉬어야겠다.

유나: 응. 집에 감기약 있어. 약 좀 먹으면 괜찮아질 거야.

왕후이: 룸메이트 집에 있어?

유나: 이 시간에 걔는 아마 집에 없을 거야.

왕후이: 그럼 내가 널 보살펴야겠다. 너 혼자 집에 있게 할 순 없지.

유나: 네가 있어서 정말 좋아.

쏙쏙 문장 만들기

1. 우리말 대화를 보고, 중국어 문장을 완성해 보세요.

    1) A: 너 왜 그래?

    _____?

    B: 나 갑자기 머리가 아프고, 온몸이 으슬으슬 떨려.

    我_____发抖。

    2) A: 너 감기에 걸린 것 같아!

    你_____!

    B: 그런 것 같아.

    _____。

2. 주어진 단어를 이용하여, 중국어 문장을 만들어 보세요.

    1) 너 집에 가서 쉬어야겠다.

    休息 / 应该 / 回家 / 你
    xiūxi / yīnggāi / huíjiā / nǐ

    ➡ _____

    2) 약 좀 먹으면 괜찮아질 거야.

    点儿 / 吃 / 药 / 的 / 会 / 好 / 就
    diǎnr / chī / yào / de / huì / hǎo / jiù

    ➡ _____

    3) 너 혼자 집에 있게 할 순 없지.

    你 / 让 / 不能 / 在 / 一个人 / 家
    nǐ / ràng / bù néng / zài / yí ge rén / jiā

    ➡ _____

정답 1. 1) A: 你怎么了　B: 突然头疼、全身　2) A: 好像感冒了　B: 好像是
2. 1) 你应该回家休息。2) 吃点儿药就会好的。3) 不能让你一个人在家。

알아 두면 꿀 떨어지는 꿀 표현

아래 문장의 밑줄 친 부분에 신체 부위를 넣어서 '~가 아프다'라는 표현을 해 보세요.

어디가 불편하세요?　**你哪儿不舒服?**
　　　　　　　　　Nǐ nǎr bù shūfu?

저 머리가 아파요.　**我<u>头</u>疼。**
　　　　　　　　　Wǒ tóu téng.

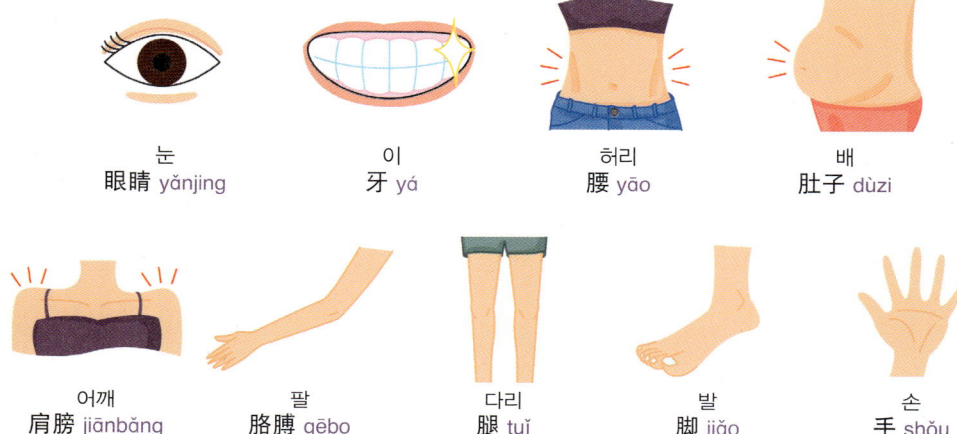

| 눈 | 이 | 허리 | 배 |
| 眼睛 yǎnjing | 牙 yá | 腰 yāo | 肚子 dùzi |

| 어깨 | 팔 | 다리 | 발 | 손 |
| 肩膀 jiānbǎng | 胳膊 gēbo | 腿 tuǐ | 脚 jiǎo | 手 shǒu |

사진 찍을 때, '머리 아파, 이 아파, 배 아파' 포즈를 아시나요?

손을 머리에 올리며 '头疼 tóu téng' 포즈! 손을 턱에 괴며 '牙疼 yá téng' 포즈! 손을 배에 올리며 '肚子疼 dùzi téng' 포즈! 이제부터 사진 찍을 때 이렇게 중국어로 외치며 포즈를 취해 보세요!

용돈을 다 쓴 여자 친구

상황 관찰하기

我没有钱买新的。

상황 유나가 돈이 모자라서 중고 자전거를 사려고 해요.

등장인물   왕후이  유나(로우나)

강의 보기

대화 내용 확인하기 음원 듣기 8-1

▶ MP3 음원을 들으며 대화 내용과 발음을 확인해 보세요.

조우 저 샹쉬에 요우디얼 레이. 워 시앙 마이 이 리양 쯔씽처.
走着上学有点儿累。我想买一辆自行车。

워 페이 니 이치 취 마이 바. 워 커이 빵 니 지앙찌아!
我陪你一起去买吧。我可以帮你讲价!

나 타이 하오 러! 부꾸어 워 데이 마이 얼쇼우 더. 워 메이요우 치앤 마이 씬 더.
那太好了!不过我得买二手的。我没有钱买新的。

전머 후이 스 아? 니 바 링후아치앤 또우 후아꾸앙 러?
怎么回事啊?你把零花钱都花光了?

스 더. 씨앤짜이 워 즈요우 우바이 콰이 치앤.
是的。现在我只有500块钱。

얼쇼우 쯔씽처 쑤이란 찌아거 피앤이, 딴스 부 타이 안취앤.
二手自行车虽然价格便宜,但是不太安全。

나 워 마이 씬 더 바. 쩡하오 하이 요우 이씨에 한삐!
那我买新的吧。正好还有一些韩币!

씨앤 바 한삐 후안청 런민삐 바.
先把韩币换成人民币吧。

커스, 워 헌 딴씬 씬 쯔씽처 후이 뻬이 토우 조우.
可是,我很担心新自行车会被偷走。

용 찌에스 더 쑤어 바 타 쑤어하오, 찌우 메이 원티 러. 팡씬 바.
用结实的锁把它锁好,就没问题了。放心吧。

문장 익히기 1

조우 저 샹쉬에 요우디얼 레이.
走着上学有点儿累。
Zǒu zhe shàngxué yǒudiǎnr lèi.
걸어서 학교에 가는 게 조금 힘들어.

워 시앙 마이 이 리양 쯔씽처.
我想买一辆自行车。
Wǒ xiǎng mǎi yí liàng zìxíngchē.
나 자전거 한 대 사고 싶어.

워 페이 니 이치 취 마이 바.
我陪你一起去买吧。
Wǒ péi nǐ yìqǐ qù mǎi ba.
내가 너랑 같이 사러 가 줄게.

워 커이 빵 니 지앙찌아!
我可以帮你讲价！
Wǒ kěyǐ bāng nǐ jiǎngjià!
내가 값 흥정하는 거 도와줄 수 있어!

有点儿 yǒudiǎnr 조금
累 lèi 피곤하다
辆 liàng 대(단위)
自行车 zìxíngchē 자전거
陪 péi 모시다, 동반하다
帮 bāng 돕다
讲价 jiǎngjià 값을 흥정하다
睡觉 shuìjiào 자다
逛街 guàngjiē 쇼핑하다

1 동태 조사 着

- '동사1+着 zhe+동사2'는 '~하면서 ~하다'라는 의미로, 동사1은 동사2의 방식이나 상태를 나타내요. '走着上学 zǒu zhe shàngxué'는 '걸어서 학교에 가다'라는 뜻이에요.

  그는 앉아서 자고 있어요. **他坐着睡觉。** Tā zuò zhe shuìjiào.

  저는 누워서 영화를 봐요. **我躺着看电影。** Wǒ tǎng zhe kàn diànyǐng.

- '有点儿 yǒu diǎnr+형용사'는 '조금 ~하다'라는 의미로, 부정적인 감정을 나타내요.

  조금 더워요. **有点儿热。** Yǒudiǎnr rè.

2 동사 陪

- '陪 péi+대상+동사'는 '~랑 ~하다'라는 의미예요.

  나랑 놀아 줘. **陪我玩儿吧。** Péi wǒ wánr ba.

  나랑 같이 쇼핑하러 가자. **陪我一起去逛街吧。** Péi wǒ yìqǐ qù guàngjiē ba.

> **아하!**
> '讲价 jiǎngjià'는 '흥정하다', '값을 깎다'라는 뜻이에요.
> 저는 흥정을 잘해요. **我会讲价。** Wǒ huì jiǎngjià.
> 저는 흥정을 못해요. **我不会讲价。** Wǒ bú huì jiǎngjià.

문장 익히기 2

나 타이 하오 러!　부꾸어 워 데이 마이 얼쇼우 더.
那太好了！不过我得买二手的。
Nà tài hǎo le! Búguò wǒ děi mǎi èrshǒu de.
그럼 너무 좋지! 근데 나 중고로 사야 해.

워 메이요우 치앤 마이 씬 더.
我没有钱买新的。
Wǒ méiyǒu qián mǎi xīn de.
나 새것을 살 돈이 없어.

전머 후이 스 아?　니 바 링후아치앤 또우 후아꾸앙 러?
怎么回事啊？你把零花钱都花光了？
Zěnme huí shì a? Nǐ bǎ línghuāqián dōu huāguāng le?
어떻게 된 거야? 너 용돈을 다 쓴 거야?

不过 búguò	그런데, 그러나
得 děi	~해야 한다
二手 èrshǒu	중고
钱 qián	돈
新 xīn	새롭다, 새로운
把 bǎ	~을(를)
零花钱 línghuāqián	용돈
花 huā	소비하다, 쓰다
光 guāng	조금도 남지 않다
家务 jiāwù	집안일
菜 cài	반찬, 요리
完 wán	끝내다

1 조동사 得

- '**不过 búguò**'는 '그런데'라는 뜻의 접속사로, '**可是 kěshì**'나 '**但是 dànshì**'와 비슷한 뜻이지만, 그보다는 비교적 약한 느낌을 줘요. '**得 děi**'는 조동사로 '~해야 한다'라는 뜻인데, '의무상 해야 할 것을 한다'라는 의미라서 '도리상 당연히 해야 한다'라는 의미의 '**应该 yīnggāi**'와는 조금 차이가 있어요.

그런데 저는 집안일을 해야 해요.　**不过我得做家务。**
　　　　　　　　　　　　　　Búguò wǒ děi zuò jiāwù.

2 전치사 把

- 전치사 '**把 bǎ**'는 목적어를 동사 앞으로 보내서 강조해 주는 역할을 해요. 이때 동사 뒤에는 기타 성분이 함께 와야 해요. '**花 huā**'는 명사로는 '꽃'이지만, 동사일 때는 '소비하다', '쓰다'라는 의미이므로 '**都花光了。dōu huā guāng le.**'는 '모두 다 썼다.'라는 뜻이에요. 동사 뒤 결과 보어로 쓰인 '**光 guāng**'은 '조금도 남지 않다'라는 의미예요.

그가 요리를 모두 다 먹었어.　**他把菜都吃光了。**
　　　　　　　　　　　　Tā bǎ cài dōu chīguāng le.

저 숙제 다 했어요.　　　**我把作业做完了。**
　　　　　　　　　　Wǒ bǎ zuòyè zuòwán le.

'得'의 발음에 주의하세요! 동사로 '얻다'라는 뜻일 때는 'dé', 조동사로 '~해야 한다'일 때는 'děi', 구조 조사로 쓰일 때는 'de'라고 발음해요.

문장 익히기 3

소 더. 씨앤짜이 워 즈요우 우바이 콰이 치앤.
是的。现在我只有500块钱。
Shì de. Xiànzài wǒ zhǐyǒu wǔbǎi kuài qián.
응. 지금 나 500위안밖에 없어.

얼쇼우 쯔씽처 쑤이란 찌아거 피앤이,
二手自行车虽然价格便宜，
Èrshǒu zìxíngchē suīrán jiàgé piányi,
중고 자전거는 비록 가격은 싸지만,

딴스 부 타이 안취앤.
但是不太安全。
dànshì bú tài ānquán.
별로 안전하지 않아.

只有 zhǐyǒu ～만 있다
块 kuài 중국의 화폐 단위
虽然 suīrán 비록 ～하지만
价格 jiàgé 가격
便宜 piányi 싸다
安全 ānquán 안전하다
帅 shuài 잘생기다, 멋지다
性格 xìnggé 성격
小 xiǎo (나이가) 적다, 어리다
哥哥 gēge 형, 오빠

---

1 ～만 있다

- '只 zhǐ'는 '오직', '단지', '有 yǒu'는 '있다'라는 뜻이므로 '只有 zhǐyǒu'가 동사로 쓰이면 '(단지) ～만 있다'라는 뜻이에요. 우리말로 '～밖에 없다'라고 풀이할 수 있어요.

나한테는 너밖에 없어. **我只有你。**
Wǒ zhǐyǒu nǐ.

나 10위안밖에 없어. **我只有十块钱。**
Wǒ zhǐyǒu shí kuài qián.

2 비록 ～하지만

- '虽然 suīrán～, 但是 dànshì～'는 '비록 ～하지만, ～하다'라는 표현이에요.

그는 비록 잘생기지는 않았지만, 성격은 좋아요.
他虽然长得不帅，但是性格很好。
Tā suīrán zhǎng de bú shuài, dànshì xìnggé hěn hǎo.

그는 비록 나보다 어리지만, 더 오빠 같아요.
他虽然比我小，但是更像哥哥。
Tā suīrán bǐ wǒ xiǎo, dànshì gèng xiàng gēge.

'只有 zhǐyǒu'가 접속사일 때는 '只有 zhǐyǒu～, 才 cái～'의 형식으로 쓰여, '오직 ～만이(해야만) ～하다'라는 뜻이라는 것도 잊지 마세요.

문장 익히기 4

나 워 마이 씬 더 바.
那我买新的吧。
Nà wǒ mǎi xīn de ba.
그럼 새것으로 살게.

쩡하오 하이 요우 이씨에 한삐!
正好还有一些韩币!
Zhènghǎo hái yǒu yìxiē Hánbì!
마침 한국 돈이 조금 있어!

씨앤 바 한삐 후안청 런민삐 바.
先把韩币换成人民币吧。
Xiān bǎ Hánbì huànchéng Rénmínbì ba.
우선 한국 돈을 중국 돈으로 바꿔.

正好 zhènghǎo	딱 좋다, 마침
一些 yìxiē	약간, 조금
韩币 Hánbì	한국 화폐
先 xiān	먼저, 우선
换成 huànchéng	~으로 바꾸다
人民币 Rénmínbì	런민비(인민폐)
美元 Měiyuán	달러

1 조금

- '正好 zhènghǎo'는 여기서 부사로 '마침'이라는 뜻이에요. '一些 yìxiē'는 '약간', '조금'이라는 뜻으로, '一点儿 yìdiǎnr'과 의미가 비슷해요.

마침 나 돈이 조금 있어.   **正好我还有一些钱。**
　　　　　　　　　　　　Zhènghǎo wǒ hái yǒu yìxiē qián.

마침 나 물건을 조금 샀어. **正好我买了一些东西。**
　　　　　　　　　　　　Zhènghǎo wǒ mǎi le yìxiē dōngxi.

2 A를 B로 바꾸다

- '把 bǎ+A+换成 huànchéng+B'는 'A를 B로 바꾸다'라는 뜻이에요. 전치사 '把 bǎ'는 목적어를 동사 앞으로 보내 주는 역할을 하죠.

먼저 한국 돈을 달러로 바꿔요. **先把韩币换成美元吧。**
　　　　　　　　　　　　　　Xiān bǎ Hánbì huànchéng Měiyuán ba.

먼저 달러를 런민비(인민폐)로 바꿔요. **先把美元换成人民币吧。**
　　　　　　　　　　　　　　　　Xiān bǎ Měiyuán huànchéng Rénmínbì ba.

문장 끝의 '吧 ba'는 '~해라', '~하자', '(내가) ~할게', '~이지?' 등 여러 가지 뜻으로 쓰이는 조사예요.

문장 익히기 5

커스, 워 헌 딴씬 씬 쯔씽처 후이 뻬이 토우 조우.
可是，我很担心新自行车会被偷走。
Kěshì, wǒ hěn dānxīn xīn zìxíngchē huì bèi tōu zǒu.
근데, 나 새 자전거를 누가 훔쳐 갈까 봐 걱정돼.

용 찌에스 더 쑤어 바 타 쑤어하오, 찌우 메이원티 러.
用结实的锁把它锁好，就没问题了。
Yòng jiēshi de suǒ bǎ tā suǒhǎo, jiù méi wèntí le.
튼튼한 자물쇠로 잘 잠그면 괜찮아.

팡씬 바.
放心吧。
Fàngxīn ba.
걱정하지 마.

担心 dānxīn	걱정하다
被 bèi	~에게 당하다
偷 tōu	훔치다
结实 jiēshi	단단하다
锁 suǒ	자물쇠, 잠그다
它 tā	그것
没 méi	없다
问题 wèntí	문제
放心 fàngxīn	안심하다
包 bāo	가방
小偷 xiǎotōu	좀도둑
拿走 názǒu	가지고 가다
警察 jǐngchá	경찰

1 전치사 被

- 전치사 '被 bèi'는 피동문을 만들어 주는 역할을 해요. 'A+被 bèi+(B)+동사'의 형식을 쓰면 'A가 (B에게) ~을 당하다'라는 의미예요. B는 생략될 수 있고, 동사 뒤에는 기타 성분이 와야 해요. '会被偷走. huì bèi tōu zǒu.'에서 '会 huì'는 '~할 것이다'라는 추측의 의미이므로, 직역하면 '훔쳐 감을 당할까 봐'예요. 자연스럽게 '누가 훔쳐 갈까 봐'라고 풀이할 수 있어요.

그의 가방은 좀도둑이 가지고 갔어요.　　**他的包被小偷拿走了。**
　　　　　　　　　　　　　　　　　　Tā de bāo bèi xiǎotōu ná zǒu le.

좀도둑은 경찰한테 잡혔어요.　　　　　**小偷被警察抓住了。**
　　　　　　　　　　　　　　　　　　Xiǎotōu bèi jǐngchá zhuāzhù le.

2 문제없다

- '锁 suǒ'는 명사로는 '자물쇠', 동사로는 '(자물쇠로) 잠그다'라는 뜻이에요. '用结实的锁 yòng jiēshi de suǒ'는 '튼튼한 자물쇠를 사용해서'라는 의미이고, '把它锁好 bǎ tā suǒhǎo'는 '그것을 잘 잠그면'이라는 뜻이에요. '没问题 méi wèntí'는 '문제없다', 즉 '괜찮다', '오케이'라는 뜻이에요. 중국인들이 자주 쓰는 표현 중 하나예요.

할 수 있어요?　**可以吗?**　　　　　문제없죠!　**没问题!**
　　　　　　　Kěyǐ ma?　　　　　　　　　　　Méi wèntí!

'放心 fàngxīn'은 한자를 읽으면 '방심'이지만, 중국어 뜻은 '안심하다'예요. '小心 xiǎoxīn'이라는 단어 또한 한자를 읽으면 '소심' 이지만, 중국어 뜻은 '조심하다'예요.

핵심 패턴 연습하기 음원 듣기 8-2

→ 빈칸에 다양한 표현을 넣어 큰 소리로 연습해 보세요.

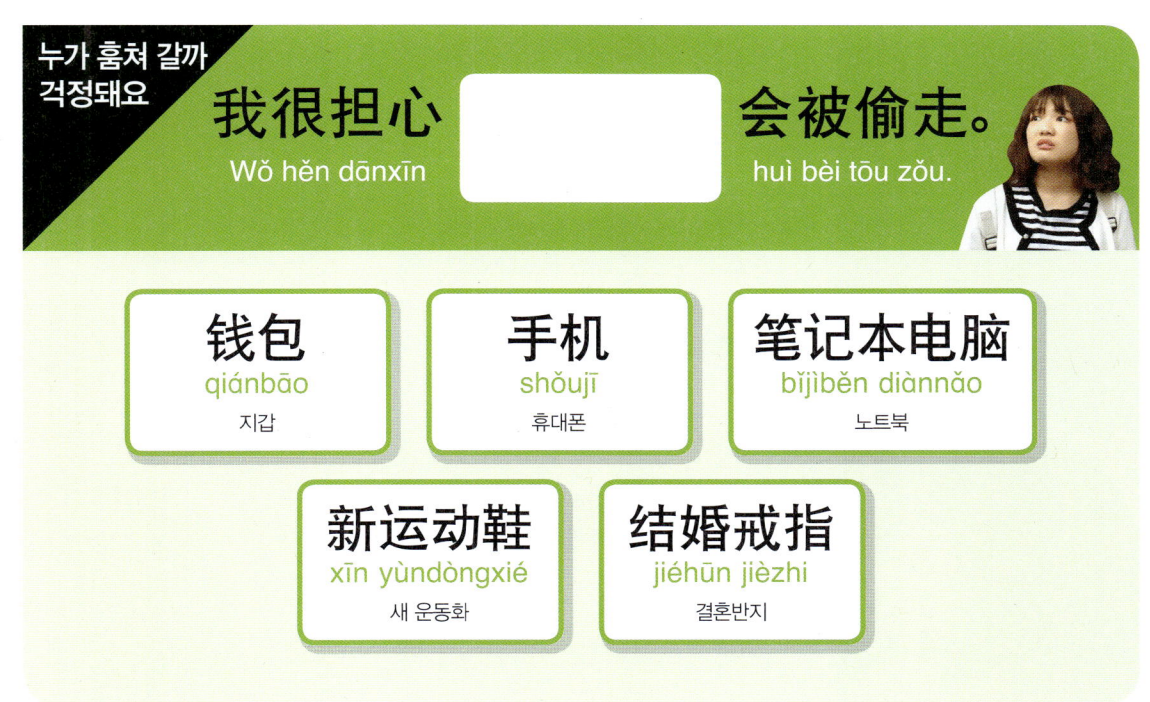

뿜뿜 대화 체험하기

→ 우리말 대본을 참고하여, 아래 영상에서 소리가 빈 부분을 중국어로 말해 보세요.

용돈을 다 쓴 여자 친구

유나: 걸어서 학교에 가는 게 조금 힘들어. 나 자전거 한 대 사고 싶어.

왕후이: 내가 너랑 같이 사러 가 줄게. 내가 값 흥정하는 거 도와줄 수 있어!

유나: 그럼 너무 좋지! 근데 나 중고로 사야 해. 나 새것을 살 돈이 없어.

왕후이: 어떻게 된 거야? 너 용돈을 다 쓴 거야?

유나: 응. 지금 나 500위안밖에 없어.

왕후이: 중고 자전거는 비록 가격은 싸지만, 별로 안전하지 않아.

유나: 그럼 새것으로 살게. 마침 한국 돈이 조금 있어!

왕후이: 우선 한국 돈을 중국 돈으로 바꿔.

유나: 근데, 나 새 자전거를 누가 훔쳐 갈까 봐 걱정돼.

왕후이: 튼튼한 자물쇠로 잘 잠그면 괜찮아. 걱정하지 마.

쑥쑥 문장 만들기

1. 우리말 대화를 보고, 중국어 문장을 완성해 보세요.

   1) A: 나 자전거 한 대 사고 싶어.

      我_____。

      B: 내가 너랑 같이 사러 가 줄게.

      我_____吧。

   2) A: 나 새것을 살 돈이 없어.

      我_____。

      B: 어떻게 된 거야?

      _____啊?

2. 주어진 단어를 이용하여, 중국어 문장을 만들어 보세요.

   1) 너 용돈을 다 쓴 거야?

      你 / 零花钱 / 了 / 都 / 花光 / 把
      nǐ / línghuāqián / le / dōu / huāguāng / bǎ

      ➡ _____

   2) 비록 가격은 싸지만, 별로 안전하지 않아.

      不太 / 价格 / 安全 / 但是 / 虽然 / 便宜
      bú tài / jiàgé / ānquán / dànshì / suīrán / piányi

      ➡ _____

   3) 나 새 자전거를 누가 훔쳐 갈까 봐 걱정돼.

      新自行车 / 很 / 担心 / 我 / 偷走 / 被 / 会
      xīn zìxíngchē / hěn / dānxīn / wǒ / tōuzǒu / bèi / huì

      ➡ _____

정답 1. 1) A: 想买一辆自行车 B: 陪你一起去买   2) A: 没有钱买新的 B: 怎么回事
2. 1) 你把零花钱都花光了? 2) 虽然价格便宜, 但是不太安全。 3) 我很担心新自行车会被偷走。

알아 두면 꿀 떨어지는 꿀 표현

쇼핑과 관련된 신조어와 유행어를 알아볼까요?

网购(网上购物) 온라인 쇼핑
wǎnggòu(wǎngshàng gòuwù)

我喜欢网购。 나 온라인 쇼핑을 좋아해.
Wǒ xǐhuan wǎnggòu.

月光族 월광족(매달 월급을 다 쓰는 사람)
yuèguāngzú

我是月光族。 나는 월광족이야.
Wǒ shì yuèguāngzú.

剁手 쇼핑에 중독되어 손을 잘라야 하다   **剁手族** 쇼핑 중독자
duòshǒu   duòshǒuzú

我再买东西，我就剁手！ 내가 또 물건을 사면, 나 손을 자를게!
Wǒ zài mǎi dōngxi, wǒ jiù duòshǒu!

刷爆卡 카드 한도가 초과되다
shuābàokǎ

这个月我又刷爆卡了。 이번 달에 나 또 카드 한도가 초과됐어.
Zhè ge yuè wǒ yòu shuābàokǎ le.

吃土 흙을 먹다(쇼핑으로 돈을 많이 써서 돈이 없다)
chī tǔ

这回我真的要吃土了。 이번에 나 진짜 흙 먹어야 해(돈 없어).
Zhè huí wǒ zhēn de yào chī tǔ le.

친구에게 축하를 받다

 상황 관찰하기

상황 지혜가 왕후이와 유나를 우연히 만나 둘의 연애를 축하해 줍니다.

등장인물 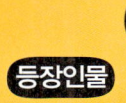 왕후이  유나(로우나)  지혜(쯔후이)

강의 보기

대화 내용 확인하기 🎧 음원 듣기 9-1

▶ MP3 음원을 들으며 대화 내용과 발음을 확인해 보세요.

쯔후이! 니 하오!
智慧! 你好!

니먼 하오! 니먼 전머 요우 짜이 이치? 난따오 니먼 리아...
你们好! 你们怎么又在一起? 难道你们俩...

뚜이부치, 워 왕 러 껀 니 슈어 러. 워먼 리아 탄 리앤아이 러!
对不起, 我忘了跟你说了。我们俩谈恋爱了!

꽁씨 꽁씨! 워 자오찌우 차이따오 러! 니먼 잉까이 칭 워 츠 판!
恭喜恭喜! 我早就猜到了! 你们应该请我吃饭!

나 땅란 러! 또우 투어 니 더 푸!
那当然了! 都托你的福!

쑤안 니 요우 리양씬!
算你有良心!

팡 슈지아 더 스호우, 니먼 요우 션머 다쑤안 마?
放暑假的时候, 你们有什么打算吗?

워먼 다쑤안 취 칭다오 뤼요우.
我们打算去青岛旅游。

하오 씨앤무 아! 니먼 야오 찬지아 빠위에펀 더 구어찌 피지우지에 마?
好羡慕啊! 你们要参加8月份的国际啤酒节吗?

워먼 이딩 야오 찬지아! 하오부롱이 마이따오 후어처피아오 러!
我们一定要参加! 好不容易买到火车票了!

128 뿜뿜 중국어

문장 익히기 ①

쯔후이! 니 하오!
智慧! 你好!
Zhìhuì! Nǐ hǎo!
지혜야! 안녕!

니먼 하오! 니먼 전머 요우 짜이 이치?
你们好! 你们怎么又在一起?
Nǐmen hǎo! Nǐmen zěnme yòu zài yìqǐ?
너희들 안녕! 너희 어떻게 또 같이 있어?

난따오 니먼 리아...
难道你们俩...
Nándào nǐmen liǎ...
설마 너희 둘...

又 yòu	또	
难道 nándào	설마	
俩 liǎ	두 사람, 두 개	
套 tào	낡은 수법	
熬夜 áoyè	밤새우다	

1 부사 又

- 부사 '又 yòu'는 '또'라는 뜻으로, 중복된 일을 말할 때 써요.

그가 또 왔어요.　**他又来了。**
　　　　　　　　Tā yòu lái le.

너 또 이 수법이야.　**你又来这套。**
　　　　　　　　Nǐ yòu lái zhè tào.

너 또 밤새웠어?　**你又熬夜了吗?**
　　　　　　　　Nǐ yòu áoyè le ma?

2 설마

- 부사 '难道 nándào'는 '설마'라는 뜻으로, '难道 nándào~吗? ma?'의 형식으로 자주 쓰이는데, '吗 ma'를 생략하기도 해요. '俩 liǎ'는 '两个 liǎng ge(두 명 또는 두 개)'의 줄임말이에요.

설마 너 몰라?　**难道你不知道吗?**
　　　　　　　　Nándào nǐ bù zhīdào ma?

설마 너 또 헤어졌어?　**难道你又分手了?**
　　　　　　　　Nándào nǐ yòu fēnshǒu le?

'你又来了。Nǐ yòu lái le.'는 '너 또 왔네.'라는 뜻도 있지만, 상대방이 잔소리를 시작할 때나 어떤 행동을 반복할 때 '너 또 시작이야.'라는 의미도 있어요.

문장 익히기 ❷

뚜이부치, 워 왕 러 껀 니 슈어 러.
对不起，我忘了跟你说了。
Duìbuqǐ, Wǒ wàng le gēn nǐ shuō le.
미안해, 너한테 말한다는 걸 깜빡했어.

워먼 리아 탄 리앤아이 러!
我们俩谈恋爱了！
Wǒmen liǎ tán liàn'ài le!
우리 둘 연애해!

꽁씨 꽁씨! 워 자오찌우 차이따오 러!
恭喜恭喜！我早就猜到了！
Gōngxǐ gōngxǐ! Wǒ zǎojiù cāidào le!
축하해! 난 진작 알아챘어!

니먼 잉까이 칭 워 츠 판!
你们应该请我吃饭！
Nǐmen yīnggāi qǐng wǒ chī fàn!
너희들 나한테 밥 쏴야 해!

对不起 duìbuqǐ 미안합니다
忘 wàng 잊다
恭喜 gōngxǐ 축하하다
早就 zǎojiù 훨씬 전에, 진작
猜到 cāidào 알아채다
请 qǐng 초청하다
护照 hùzhào 여권
请客 qǐngkè 한턱내다

1 잊어버리다

- '忘了 wàng le'는 '잊어버렸다', '깜빡했다'라는 뜻이에요. 잊은 내용은 '忘了' 뒤에 붙여 말해 주세요.

저 여권 가져오는 걸 깜빡했어요!　**我忘了带护照了！**
　　　　　　　　　　　　　　　Wǒ wàng le dài hùzhào le!

2 진작

- '早 zǎo'는 '일찍이', '就 jiù'는 '곧'이라는 뜻이므로, '早就 zǎojiù'는 부사로 '훨씬 전에', '진작'이라는 의미예요. '早就 zǎojiù+동사+了 le'는 '진작 ~했지'라는 뜻이에요. '猜 cāi'는 '추측하다', '到 dào'는 주로 동사 뒤에 결과 보어로 쓰여 '어떠한 목적에 도달하다'라는 의미를 나타내므로, '猜到 cāidào'는 '추측해서 맞혔다', 즉 '알아채다'라는 뜻이에요.

난 진작 알았어.　**我早就知道了。**　　　난 진작 샀지.　**我早就买了。**
　　　　　　　Wǒ zǎojiù zhīdào le.　　　　　　　　　Wǒ zǎojiù mǎi le.

'내가 한턱 쏠게!'라는 표현은 '我请客! Wǒ qǐngkè!', '我请你。Wǒ qǐng nǐ.', '我请你吃饭。Wǒ qǐng nǐ chī fàn.'이라고 해요. 이때 주의할 것은 '我请客你! Wǒ qǐngkè nǐ!'라고 하면 안 된다는 점이에요. '请客 qǐngkè'는 '동사+목적어'로 이루어진 이합동사라서 그 뒤에 목적어가 올 수 없기 때문이죠.

문장 익히기 ③

 나 땅란 러! 또우 투어 니 더 푸!
那当然了！都托你的福！
Nà dāngrán le! Dōu tuō nǐ de fú!
그건 당연하지! 다 네 덕분이야!

 쑤안 니 요우 리양씬!
算你有良心！
Suàn nǐ yǒu liángxīn!
양심은 있구나!

当然 dāngrán 당연하다, 물론이다
托福 tuōfú 덕분이다
算 suàn ~인 셈이다
良心 liángxīn 양심, 양심적이다
大家 dàjiā 모두, 여러분
您 nín 당신, 你의 존칭
赢 yíng 이기다
再 zài 또, 다시

1 덕분이다

- '福 fú'는 '복 복' 자예요. 그래서 '托福 tuōfú'는 '복을 받았다', 즉 '덕분이다'라는 뜻이죠. 이때 주의할 점은 '托福 tuōfú'가 이합동사이기 때문에 그 뒤에 목적어가 올 수 없다는 거예요. 목적어는 '托 tuō'와 '福 fú' 사이에 넣어 주세요.

모두 여러분 덕분이에요.   **都托大家的福。**
Dōu tuō dàjiā de fú.

당신 덕분이에요.   **托您的福。**
Tuō nín de fú.

2 셈 치다

- '算 suàn'의 기본 뜻은 '계산하다'인데, 여기에서 파생되어 '~한 셈 치다'라는 뜻도 있어요. '算你有良心! Suàn nǐ yǒu liángxīn!'은 '네가 양심은 있는 셈 칠게', 즉 '네가 양심은 있구나!'라는 뜻으로, 농담으로 하는 말이에요.

네가 맞은 셈 쳐!   **算你对了！**
Suàn nǐ duì le!

네가 이겼다 쳐!   **算你赢了！**
Suàn nǐ yíng le!

- '托福 tuōfú'는 명사로 '토플(TOEFL)'이라는 뜻도 있는데요. '托福'의 발음이 영어 시험 중 하나인 '토플'과 비슷하기 때문이에요.
- '됐어!'는 중국어로 '算了! Suàn le!'라고 해요.
  됐어! 그만 말해!   **算了！别再说了！**
  Suàn le! Bié zài shuō le!

문장 익히기 ❹

 팡 슈지아 더 스호우,　니먼 요우 션머 다쑤안 마?
放暑假的时候，你们有什么打算吗?
Fàng shǔjià de shíhou, nǐmen yǒu shénme dǎsuàn ma?
여름 방학 때, 너희 무슨 계획 있어?

 워먼　다쑤안 취 칭다오 뤼요우.
我们打算去青岛旅游。
Wǒmen dǎsuàn qù Qīngdǎo lǚyóu.
우리는 칭다오에 여행 갈 계획이야.

放 fàng	(방학을) 하다
暑假 shǔjià	여름 방학
打算 dǎsuàn	계획, ~할 계획이다
青岛 Qīngdǎo	칭다오(청도)
旅游 lǚyóu	여행하다
寒假 hánjià	겨울 방학
留学 liúxué	유학하다
休假 xiūjià	휴가를 보내다
越南 Yuènán	베트남

1 방학하다

- '여름 방학을 하다'는 '放暑假 fàng shǔjià', '겨울 방학을 하다'는 '放寒假 fàng hánjià'라고 해요. '방학하다'는 '放假 fàngjià'예요.

너 언제 겨울 방학해?　**你什么时候放寒假?**
　　　　　　　　　　　Nǐ shénmeshíhou fàng hánjià?

2 打算의 명사/조동사 용법

- '打算 dǎsuàn'은 명사일 때는 '계획', 조동사일 때는 '~할 계획이다'라는 의미예요.

저는 아직 계획이 없어요.　**我还没有打算。**
　　　　　　　　　　　　Wǒ hái méiyǒu dǎsuàn.

저는 중국에 유학 갈 계획이에요.　**我打算去中国留学。**
　　　　　　　　　　　　　　　 Wǒ dǎsuàn qù Zhōngguó liúxué.

- '旅游 lǚyóu'는 '여행하다'라는 뜻의 동사인데, 뒤에 목적어가 올 수 없는 자동사예요. 그래서 '~에 여행을 가다'라고 할 때는 '去 qù+장소+旅游 lǚyóu'의 형식으로 말해요.

휴가 때, 너 어디로 여행 가?　**休假的时候, 你去哪儿旅游?**
　　　　　　　　　　　　　Xiūjià de shíhou, nǐ qù nǎr lǚyóu?

나 베트남으로 여행 가.　**我去越南旅游。**
　　　　　　　　　　　Wǒ qù Yuènán lǚyóu.

'放假 fàngjià'에는 '방학하다'라는 뜻뿐만 아니라 '휴가로 쉬다'라는 뜻도 있어요. 공휴일에 쉬는 것도 '放假 fàngjià'라고 해요.

문장 익히기 5

 하오 씨앤무 아!　니먼 야오 찬지아 빠위에펀 더
好羡慕啊! 你们要参加8月份的
Hǎo xiànmù a! Nǐmen yào cānjiā bāyuèfèn de
정말 부럽다! 너희 8월의

구어찌 피지우지에 마?
国际啤酒节吗?
guójì píjiǔjié ma?
국제 맥주 축제에 갈 거야?

 워먼　이딩　야오 찬지아!
我们一定要参加!
Wǒmen yídìng yào cānjiā!
우리 꼭 갈 거야!

하오부룽이　마이따오 후어처피아오 러!
好不容易买到火车票了!
Hǎoburóngyì mǎidào huǒchēpiào le!
힘들게 기차표 구했어!

羡慕 xiànmù	부러워하다
参加 cānjiā	참가하다, 참여하다
月份 yuèfèn	월
国际 guójì	국제
啤酒节 píjiǔjié	맥주 축제
好不容易 hǎoburóngyì	가까스로
火车票 huǒchēpiào	기차표
联系 liánxì	연락하다
得到 dédào	얻다, 받다
成绩 chéngjì	성적
预订 yùdìng	예약하다
餐厅 cāntīng	식당, 레스토랑

1 반드시 ~할 거야

- '一定 yídìng'은 '반드시', '꼭'이라는 뜻이고, '要 yào'는 '~할 것이다'라는 뜻의 조동사예요.

너 꼭 나한테 연락해야 해!　**你一定要跟我联系!**
　　　　　　　　　　　　　Nǐ yídìng yào gēn wǒ liánxì!

난 꼭 좋은 성적을 받을 거야!　**我一定要得到好成绩!**
　　　　　　　　　　　　　Wǒ yídìng yào dédào hǎo chéngjì!

2 힘들게

- '好不容易 hǎoburóngyì'에서 '好'는 부사로 '아주'라는 뜻이에요. 그리고 '不容易'는 '쉽지 않다'라는 뜻이므로, '好不容易'는 '가까스로', '힘들게', '어렵게'라는 의미예요.

나 힘들게 식당을 예약했어.　**我好不容易预订到餐厅了。**
　　　　　　　　　　　　Wǒ hǎoburóngyì yùdìngdào cāntīng le.

- '8月份 bāyuèfèn'은 '8月 bāyuè'와 같은 말이에요.
- 칭다오는 맥주가 유명하죠? 칭다오 맥주의 역사는 1903년부터 시작되었는데요. 그 당시 칭다오를 지배하던 독일인들이 그곳에 맥주 공장을 세우면서 독일의 맥주 제조 기술과 칭다오의 좋은 물이 만나 지금까지 맛 좋은 맥주를 만들어 내고 있어요. 그리고 아시아에서 가장 큰 맥주 축제라 불리는 '국제 맥주 축제'가 매년 8월 중순에 칭다오에서 열려요.

핵심 패턴 연습하기 음원 듣기 9-2

➡ 빈칸에 다양한 표현을 넣어 큰 소리로 연습해 보세요.

설마 ~야?

难道 ___ 吗?
Nándào ma?

真的不行
zhēn de bùxíng
정말 안 된다

还没起床
hái méi qǐchuáng
아직 안 일어났다

迷路了
mílù le
길을 잃었다

没有联系
méiyǒu liánxì
연락이 없다

~을 깜빡했어요

我忘了 ___ 。
Wǒ wàng le

带钱包了
dài qiánbāo le
지갑을 가져오는 것

今天有课了
jīntiān yǒu kè le
오늘 수업이 있는 것

妈妈的生日
māma de shēngrì
엄마의 생일

结婚纪念日
jiéhūn jìniànrì
결혼기념일

뿜뿜 대화 체험하기

➡ 우리말 대본을 참고하여, 아래 영상에서 소리가 빈 부분을 중국어로 말해 보세요.

친구에게 축하를 받다

왕후이: 지혜야! 안녕!

지혜: 너희들 안녕! 너희 어떻게 또 같이 있어? 설마 너희 둘...

유나: 미안해, 너한테 말한다는 걸 깜빡했어. 우리 둘 연애해!

지혜: 축하해! 난 진작 알아챘어! 너희들 나한테 밥 쏴야 해!

왕후이: 그건 당연하지! 다 네 덕분이야!

지혜: 양심은 있구나!

지혜: 여름 방학 때, 너희 무슨 계획 있어?

왕후이: 우리는 칭다오에 여행 갈 계획이야.

지혜: 정말 부럽다! 너희 8월의 국제 맥주 축제에 갈 거야?

왕후이: 우리 꼭 갈 거야! 힘들게 기차표 구했어!

쓱쓱 문장 만들기

1. 우리말 대화를 보고, 중국어 문장을 완성해 보세요.

    1) A: 너희 어떻게 또 같이 있어?

       你们_____?

       B: 우리 둘 연애해!

       我们_____!

    2) A: 너희들 나한테 밥 쏴야 해!

       你们_____!

       B: 그건 당연하지! 다 네 덕분이야!

       那_____了! 都_____!

2. 주어진 단어를 이용하여, 중국어 문장을 만들어 보세요.

    1) 너희 무슨 계획 있어?

       什么 / 你们 / 吗 / 打算 / 有
       shénme nǐmen ma dǎsuàn yǒu

       ➡ _____

    2) 우리는 칭다오에 여행 갈 계획이야.

       我们 / 旅游 / 去 / 青岛 / 打算
       wǒmen lǚyóu qù Qīngdǎo dǎsuàn

       ➡ _____

    3) 힘들게 기차표 구했어!

       火车票 / 了 / 好不容易 / 买到
       huǒchēpiào le hǎoburóngyì mǎidào

       ➡ _____

정답 1. 1) A: 怎么又在一起 B: 俩谈恋爱了 2) A: 应该请我吃饭 B: 当然, 托你的福
2. 1) 你们有什么打算吗? 2) 我们打算去青岛旅游。 3) 好不容易买到火车票了!

알아 두면 꿀 떨어지는 꿀 표현

연애에 관한 다양한 표현을 더 알아볼까요?

姐弟恋 연상 연하 연애
jiědìliàn

最近姐弟恋很流行。 요즘 연상 연하 커플이 유행이야.
Zuìjìn jiědìliàn hěn liúxíng.

> 우리나라에 네 살 차이는 궁합도 안 본다는 이야기가 있죠? 중국에는 '여자가 세 살 많은 것은 금괴를 안고 있는 것만큼 좋다'라는 말이 있어요.
>
> **女大三抱金砖。**
> Nǚ dà sān bào jīnzhuān.
> 여자가 세 살 많은 게 좋다.

初恋 첫사랑
chūliàn

你是我的初恋。 너는 나의 첫사랑이야.
Nǐ shì wǒ de chūliàn.

单恋 = 暗恋 짝사랑
dānliàn ànliàn

你有没有暗恋过? 너 짝사랑 해 본 적 있어?
Nǐ yǒu méiyǒu ànliàn guo?

异地恋 장거리 연애
yìdìliàn

异地恋会容易分手吗? 장거리 연애하면 쉽게 헤어지나요?
Yìdìliàn huì róngyì fēnshǒu ma?

早恋 어린 나이에 하는 연애
zǎoliàn

早恋会影响学习吗? 어린 나이에 연애하면 학업에 영향이 있나요?
Zǎoliàn huì yǐngxiǎng xuéxí ma?

초록색 모자를 쓴다는 것

상황 관찰하기

상황 유나가 초록색 모자를 쓰고 나타나자, 왕후이가 무척 당황했네요.

등장인물  왕후이   유나(로우나)

강의 보기

대화 내용 확인하기 음원 듣기 10-1

> MP3 음원을 들으며 대화 내용과 발음을 확인해 보세요.

친아이 더! 니 부야오 따이 뤼마오즈!
亲爱的! 你不要戴绿帽子!

웨이션머 뿌씽? 워 시환 뤼써!
为什么不行? 我喜欢绿色!

짜이 쫑구어, '따이 뤼마오즈' 즈 더 스 치즈 피투이 러.
在中国, '戴绿帽子'指的是妻子劈腿了。

부 후이 바! 쩐 더 마?
不会吧! 真的吗?

쩐 더! 쑤어이 쫑구어런 뿌 시환 따이 뤼써 더 마오즈!
真的! 所以中国人不喜欢戴绿色的帽子!

차디얼 랑 비에런 씨아오후아. 워 씨앤짜이 찌우 짜이 러!
差点儿让别人笑话。我现在就摘了!

로우나! 니 치앤완 부야오 게이 워 '따이 뤼 마오즈'!
柔娜! 你千万不要给我 '戴绿帽子'!

헤헤! 이호우 더 스, 셰이 쯔다오 너?
嘿嘿! 以后的事, 谁知道呢?

부야오 카이 완씨아오! 워 스 런쩐 더!
不要开玩笑! 我是认真的!

친아이 더! 니 씨앙씬 워, 부 후이 뻬이판 니 더.
亲爱的! 你相信我, 不会背叛你的。

문장 익히기 1

친아이 더! 니 부야오 따이 뤼마오즈!
亲爱的! 你不要戴绿帽子!
Qīn'ài de! Nǐ búyào dài lǜmàozi!
자기야! 초록색 모자 쓰지 마!

웨이션머 뿌씽? 워 시환 뤼써!
为什么不行? 我喜欢绿色!
Wèishénme bùxíng? Wǒ xǐhuan lǜsè!
왜 안 돼? 나 초록색 좋아하는데!

亲爱的	qīn'ài de	자기야
不要	búyào	하지 마라
戴	dài	착용하다, 쓰다
绿(色)	lǜ(sè)	초록색, 녹색
帽子	màozi	모자
不行	bùxíng	안 된다
眼镜	yǎnjìng	안경
顾客	gùkè	고객

1 ~하지 마

- '不要 búyào+동사'를 쓰면 '~하지 마'라는 의미로, '别 bié+동사'와 같은 뜻이에요. 동사 '戴 dài'는 모자나 액세서리 등을 '착용하다', '쓰다'라는 뜻이에요.

걱정하지 마.　　**你不要担心。** (노래 '걱정 말아요 그대'의 제목으로도 쓰임)
　　　　　　　　Nǐ búyào dānxīn.

너 안경 쓰지 마! 안 예뻐.　**你不要戴眼镜! 不好看。**
　　　　　　　　　　　　Nǐ búyào dài yǎnjìng! bù hǎokàn.

2 안 돼

- '不行 bùxíng'은 '안 돼'라는 표현으로, '不可以 bù kěyǐ'와 같은 의미예요. '돼'라는 표현은 '行 xíng' 또는 '可以 kěyǐ'라고 해요.

네가 아니면 안 돼.　**不是你不行。**
　　　　　　　　　Bú shì nǐ bùxíng.

안 될 것 같은데요.　**我觉得不行。**
　　　　　　　　　Wǒ juéde bùxíng.

이렇게 하면 돼요!　**这样就行了!**　　**这样就可以了!**
　　　　　　　　　Zhèyàng jiù xíng le!　Zhèyàng jiù kěyǐ le!

사랑하는 남녀 사이에서 '亲爱的 qīn'ài de'라고 하면 '자기야'라고 부르는 말이에요. '亲爱 qīn'ài'는 '친애하다'라는 의미로, '亲爱的妈妈 qīn'ài de māma(사랑하는 엄마)', '亲爱的顾客 qīn'ài de gùkè(친애하는 고객님)'라는 표현으로도 쓰여요.

문장 익히기 2

짜이 쫑구어, '따이 뤼마오즈'
在中国,'戴绿帽子'
Zài Zhōngguó, 'dài lǜmàozi'
중국에서, '초록색 모자를 쓰다'라는 건

즈 더 스 치즈 피투이 러.
指的是妻子劈腿了。
zhǐ de shì qīzi pītuǐ le.
아내가 바람피우는 걸 가리키는 거야.

부 후이 바! 쩐 더 마?
不会吧！真的吗?
Bú huì ba! Zhēn de ma?
설마! 정말이야?

指 zhǐ 가리키다
劈腿 pītuǐ 양다리를 걸치다
不会 bú huì ~일 리 없다
真的 zhēn de 정말
富二代 fù'èrdài 재벌 2세
财阀二代 cáifá'èrdài 재벌 2세

1 A는 B를 가리키다

- 동사 '指 zhǐ'는 '(손가락으로) 가리키다'라는 뜻이에요. 'A+指的是 zhǐ de shì+B'는 'A가 가리키는 것은 B이다'라는 의미예요. '戴绿帽子 dài lǜmàozi'는 '아내가 바람피우다'라는 의미고, '劈腿 pītuǐ'는 원래 '다리를 찢다'라는 뜻인데, 나중에 '양다리를 걸치다', '바람피우다'라는 뜻도 생겼어요.

'부2대'는 재벌 2세를 가리켜요.	**'富二代'指的是财阀二代。** 'Fù'èrdài' zhǐ de shì cáifá'èrdài.
상대가 바람피웠어요. (저 초록색 모자가 씌워졌어요.)	**我被戴绿帽子了。** Wǒ bèi dài lǜmàozi le.
남자 친구가 양다리를 걸쳤어요.	**男朋友劈腿了。** Nánpéngyou pītuǐ le.

2 설마

- '会 huì'는 '(배워서) ~할 수 있다'라는 뜻과 '~할 것이다(추측)'라는 뜻이 있죠? 추측의 부정형인 '不会 bú huì'는 '~하지 않을 것이다', '~일 리 없다'라는 뜻이에요. 회화에서 자주 쓰는 말인 '不会吧。Bú huì ba.'는 '설마.', '그럴 리 없어.'라는 뜻이에요.

'戴绿帽子'의 유래 중 하나를 소개할게요. 옛날에 한 부부가 있었는데, 남편이 장사꾼이라 자주 멀리 장사하러 나가곤 했어요. 남편이 오랫동안 집을 비우자 아내는 원단을 파는 남자와 바람을 피우게 되었는데, 그 남자에게 남편이 없는 날을 알리기 위해 초록색 원단을 얻어 모자를 만들었어요. 그러고는 남편이 장사하러 떠날 때 남편에게 초록색 모자를 씌워 주었지요. 원단을 파는 남자는 그 모습을 보고 남편이 집을 비운다는 것을 눈치채고 그 아내와 바람을 피웠다고 해요. 그 후로 '초록색 모자를 쓰다'라는 것은 '내 아내가 바람을 피우고 있다'라는 의미가 되었어요.

문장 익히기 ❸

쩐 더!
真的!
Zhēn de!
정말이야!

쑤어이 쫑구어런 뿌 시환 따이 뤼써 더 마오즈!
所以中国人不喜欢戴绿色的帽子!
Suǒyǐ Zhōngguórén bù xǐhuan dài lǜsè de màozi!
그래서 중국인들은 초록색 모자를 쓰는 걸 안 좋아해!

차디얼 랑 비에런 씨아오후아. 워 씨앤짜이 찌우 짜이 러!
差点儿让别人笑话。我现在就摘了!
Chàdiǎnr ràng biérén xiàohua. Wǒ xiànzài jiù zhāi le!
하마터면 다른 사람들한테 웃음거리가 될 뻔했네.
나 지금 바로 벗었어!

差点儿 chàdiǎr 하마터면
别人 biérén 다른 사람
笑话 xiàohua 웃음거리, 비웃다
摘 zhāi 벗다, 벗기다
摔倒 shuāidǎo 넘어지다
口罩 kǒuzhào 마스크
脱 tuō 벗다
鞋 xié 신발

1 하마터면

- '差点儿 chàdiǎnr+동사'는 '하마터면 ~할 뻔했다' 또는 '거의 ~할 뻔했다'라는 의미예요. '让 ràng'은 '~한테 ~하게 하다'이므로 '让别人笑话 ràng biérén xiàohua'를 직역하면 '다른 사람한테 웃음거리가 되게 하다'예요.

하마터면 지각할 뻔했네! **差点儿迟到了!**
Chàdiǎnr chídào le!

하마터면 넘어질 뻔했네! **差点儿摔倒了!**
Chàdiǎnr shuāidǎo le!

2 지금 바로 ~했다

- '现在就 xiànzài jiù+동사+了 le'는 '지금 바로 ~했다'라는 표현이에요. '摘 zhāi'는 '(식물의 꽃, 열매 등을) 따다', '(쓰거나 걸려 있는 물건을) 벗다'라는 뜻이에요. 옷이나 신발을 '벗다'라고 할 때는 '摘 zhāi'가 아닌 '脱 tuō'를 써요.

나 지금 바로 마스크 벗었어. **我现在就摘口罩了。**
Wǒ xiànzài jiù zhāi kǒuzhào le.

나 지금 바로 신발 벗었어. **我现在就脱鞋了。**
Wǒ xiànzài jiù tuōxié le.

'웃음거리가 되다'와 비슷한 표현인 '망신을 당하다' 또는 '쪽팔리다'라는 표현은 '丢脸 diūliǎn'이라고 해요.

너무 쪽팔려! **好丢脸啊!**
Hǎo diūliǎn a!

문장 익히기 4

 로우나! 니 치앤완 부야오 게이 워 '따이 뤼 마오즈'!
柔娜！你千万不要给我'戴绿帽子'！
Róunà! Nǐ qiānwàn búyào gěi wǒ 'dài lǜmàozi'!
유나야! 너 절대 바람피우면 안 돼!
(너 절대 나한테 초록색 모자 씌우지 마!)

 헤헤! 이호우 더 스, 셰이 쯔다오 너?
嘿嘿！以后的事，谁知道呢？
Hēihēi! Yǐhòu de shì, shéi zhīdào ne?
헤헤! 나중 일을 누가 알겠어?

千万 qiānwàn 부디, 제발, 절대로
嘿嘿 hēihēi 헤헤(웃음소리)
忘记 wàngjì 잊다
错过 cuòguò (기회 등)놓치다
心思 xīnsi 마음

1 제발, 절대

- '千万 qiānwàn'은 한자 그대로 읽으면 숫자 '천만'이지만, 부사로는 '제발' 또는 '절대'라는 의미예요. '千万' 뒤에 '不要 búyào'나 '别 bié'를 붙여서 '제발(절대) ~하지 마'라는 표현을 할 수 있어요.

제발 말하지 마세요!	**千万不要说!** Qiānwàn búyào shuō!
절대 잊지 말아요!	**千万不要忘记!** Qiānwàn búyào wàngjì!
절대 놓치지 마세요!	**千万别错过!** Qiānwàn bié cuòguò!

2 누가 알겠어?

- '以后的事，谁知道呢? Yǐhòu de shì, shéi zhīdào ne?'는 '나중 일은 아무도 모르지!'라는 말을 반어법으로 표현한 거예요.

| 내 마음을, 누가 알겠어? | **我的心思，谁知道呢?** Wǒ de xīnsi, shéi zhīdào ne? |

'嘿嘿 hēihēi'는 웃음소리 '헤헤'를 표현한 거예요. 중국 친구와 메신저로 연락할 때 유용하겠죠? 메신저에서 자주 쓰는 웃음소리를 알아볼까요?

| 하하 | 哈哈 hāhā | 허허 | 呵呵 hēhē | 히히 | 嘻嘻 xīxī | 피식 | 扑哧(噗嗤) pūchī |

문장 익히기 5

부야오 카이 완씨아오! 워 스 런쩐 더!
不要开玩笑！我是认真的！
Búyào kāi wánxiào! Wǒ shì rènzhēn de!
농담하지 마! 난 진지해!

친아이 더! 니 씨앙씬 워, 부 후이 뻬이판 니 더.
亲爱的！你相信我，不会背叛你的。
Qīn'àide! Nǐ xiāngxìn wǒ, bú huì bèipàn nǐ de.
자기야! 날 믿어, 널 배신하지 않을 거야.

开玩笑 kāi wánxiào	농담하다
认真 rènzhēn	진지하다
相信 xiāngxìn	믿다, 신뢰하다
背叛 bèipàn	배반하다, 배신하다
时 shí	때
失望 shīwàng	실망하다

1 농담하다

- '开玩笑 kāi wánxiào'는 '농담하다' 또는 '장난치다'라는 뜻인데, '开 kāi(열다)+玩笑 wánxiào(농담)'의 '동사+목적어' 구조로 이루어진 이합동사예요. 그래서 '开玩笑' 뒤에는 다른 성분이 들어갈 수 없고, '开'와 '玩笑' 사이에 들어갈 수 있어요.

  너 무슨 농담하는 거야? **你开什么玩笑?**
  Nǐ kāi shénme wánxiào?

- '认真 rènzhēn'은 '진지하다' 또는 '진담으로 받아들이다'라는 의미도 있고, '(태도가) 성실하다', '열심히 하다'라는 뜻도 있어요.

  일할 때, 그는 아주 열심히 해요. **工作时，他非常认真。**
  Gōngzuò shí, tā fēicháng rènzhēn.

2 ~하지 않을 거야

- '不会 bú huì+동사+的 de'는 '~하지 않을 거야'라는 말로, 여기에서 '的'는 강조하는 어감을 줘요.

  난 널 실망시키지 않을 거야. **我不会让你失望的。**
  Wǒ bú huì ràng nǐ shīwàng de.

'拿 ná+대상+开玩笑 kāi wánxiào'는 '~을 가지고 농담하다(장난치다)', '跟 gēn+대상+开玩笑 kāi wánxiào'는 '~와 농담하다(장난치다)'라는 의미예요.

나를 가지고 장난치지 마!	**别拿我开玩笑!**	너 지금 나랑 장난하니?	**你在跟我开玩笑吗?**
	Bié ná wǒ kāi wánxiào.		Nǐ zài gēn wǒ kāi wánxiào ma?

핵심 패턴 연습하기 음원 듣기 10-2

→ 빈칸에 다양한 표현을 넣어 큰 소리로 연습해 보세요.

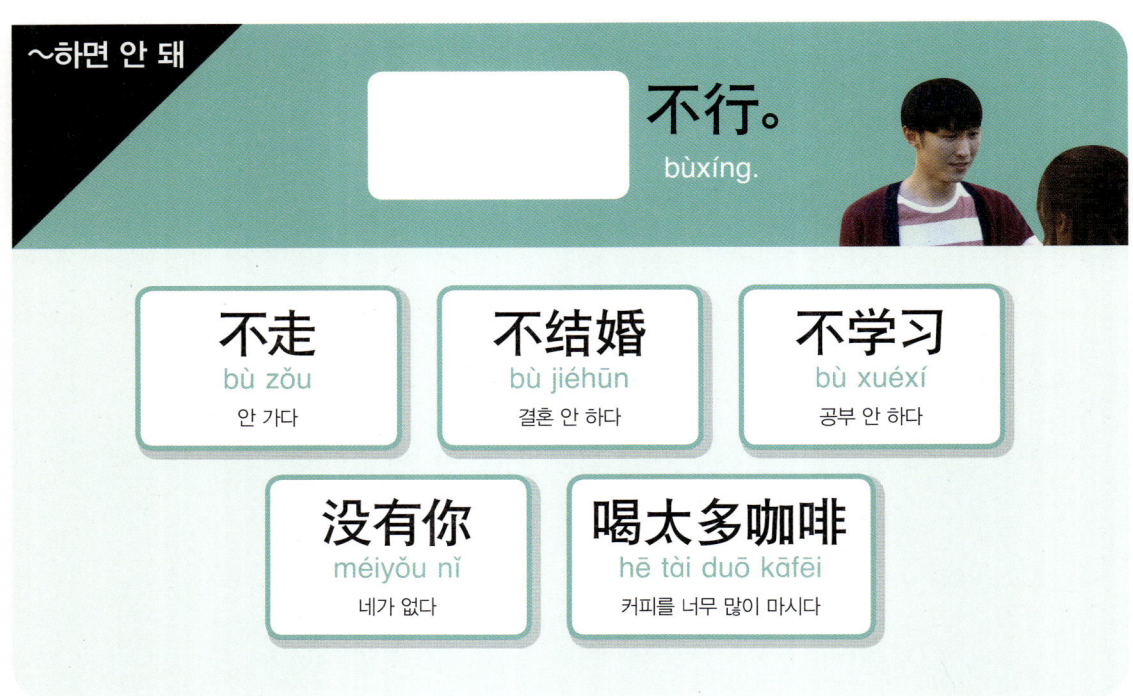

뿜뿜 대화 체험하기

➤ 우리말 대본을 참고하여, 아래 영상에서 소리가 빈 부분을 중국어로 말해 보세요.

초록색 모자를 쓴다는 것

왕후이: 자기야! 초록색 모자 쓰지 마!

유나: 왜 안 돼? 나 초록색 좋아하는데!

왕후이: 중국에서, '초록색 모자를 쓰다'라는 건 아내가 바람피우는 걸 가리키는 거야.

유나: 설마! 정말이야?

왕후이: 정말이야! 그래서 중국인들은 초록색 모자를 쓰는 걸 안 좋아해!

유나: 하마터면 다른 사람들한테 웃음거리가 될 뻔했네. 나 지금 바로 벗었어!

왕후이: 유나야! 너 절대 바람피우면 안 돼! (너 절대 나한테 초록색 모자 씌우지 마!)

유나: 헤헤! 나중 일을 누가 알겠어?

왕후이: 농담하지 마! 난 진지해!

유나: 자기야! 날 믿어, 널 배신하지 않을 거야.

쓱쓱 문장 만들기

1. 우리말 대화를 보고, 중국어 문장을 완성해 보세요.

    1) A: 초록색 모자 쓰지 마!

        你_____!

        B: 왜 안 돼?

        _____?

    2) A: 설마! 정말이야?

        _____! _____?

        B: 정말이야!

        _____!

2. 주어진 단어를 이용하여, 중국어 문장을 만들어 보세요.

    1) 하마터면 다른 사람들한테 웃음거리가 될 뻔했네.

        别人 / 让 / 差点儿 / 笑话
        biérén   ràng   chàdiǎnr   xiàohua

        ➡ _____

    2) 너 절대 바람피우면 안 돼!

        你 / 我 / 不要 / 绿帽子 / 千万 / 戴 / 给
        nǐ   wǒ   búyào   lǜmàozi   qiānwàn   dài   gěi

        ➡ _____

    3) 널 배신하지 않을 거야.

        你 / 的 / 背叛 / 不会
        nǐ   de   bèipàn   bú huì

        ➡ _____

정답 1. 1) A: 不要戴绿帽子 B: 为什么不行   2) A: 不会吧, 真的吗 B: 真的
2. 1) 差点儿让别人笑话。 2) 你千万不要给我戴绿帽子! 3) 不会背叛你的。

알아 두면 꿀 떨어지는 꿀 표현

'戴绿帽 dài lǜmàozi'처럼 중국인들이 습관적으로 쓰는(관용) 표현을 알아볼까요?

炒鱿鱼 해고하다
chǎo yóuyú

今天我被炒鱿鱼了。 오늘 나 해고당했어.
Jīntiān wǒ bèi chǎo yóuyú le.

'炒 chǎo'는 '볶다', '鱿鱼 yóuyú'는 '오징어'인데, 해고당해서 짐을 돌돌 싸는 모습이 마치 오징어가 볶아질 때 몸이 말리는 것과 같다고 해서 '해고하다'라는 뜻으로 쓰임.

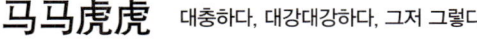

马马虎虎 대충하다, 대강대강하다, 그저 그렇다
mǎmǎhūhū

他是个做事马马虎虎的人。 그는 대충대충 일하는 사람이야.
Tā shì ge zuò shì mǎmǎhūhū de rén.

'马 mǎ'는 '말', '虎 hǔ'는 '호랑이'인데, 옛날에 한 화가가 호랑이 얼굴을 그리다가 옆에서 말을 그려 달라고 하자, 호랑이 얼굴에 말의 몸통을 그려 준 일에서 대충하는 것을 가리키게 됨.

鸡毛蒜皮 사소하고 보잘것없는 일.
jīmáo suànpí

总是因为鸡毛蒜皮的小事吵架。 항상 보잘것없는 작은 일 때문에 싸워.
Zǒngshì yīnwèi jīmáo suànpí de xiǎoshì chǎojià.

'鸡毛 jīmáo'는 '닭 털', '蒜皮 suànpí'는 '마늘 껍질'로, 옛날에 닭을 파는 사람과 마늘을 파는 사람이 이웃이었는데, 닭 파는 집의 마당에는 닭 털이 가득하고, 마늘 파는 집의 마당에는 마늘 껍질이 가득했음. 바람이 불어 서로의 집에 닭 털과 마늘 껍질이 날아가자, 서로 싸우다 재판을 신청했는데, 재판장이 이런 '닭 털과 마늘 껍질 같은 작은 일을 가지고 재판을 하냐'라고 한 것에서 '보잘것없는 작은 일'을 의미하게 됨.

한국 음식을 만들어 주다

상황 관찰하기

상황 유나가 왕후이를 집으로 초대해서 한국 음식을 만들어 줍니다.

등장인물

왕후이

유나(로우나)

강의 보기

대화 내용 확인하기 〔음원 듣기 11-1〕

➡ MP3 음원을 들으며 대화 내용과 발음을 확인해 보세요.

쑤이삐앤 쭈어! 씨앙 짜이 쯔지 찌아 이양!
随便坐！像在自己家一样！

하오 더.
好的。

찐티앤 워 웨이 니 쭈어판! 니 커이 치따이 이시아!
今天我为你做饭！你可以期待一下！

와! 니 더 나쇼우차이 스 션머?
哇！你的拿手菜是什么？

워 쭈이 나쇼우 더 차이 스 차오니앤까오 허 파오차이차오판! 니 츠 구어 마?
我最拿手的菜是炒年糕和泡菜炒饭！你吃过吗？

메이 츠 구어! 워 즈 츠 구어 이 츠 카오로우.
没吃过！我只吃过一次烤肉。

라이~ 니 창 이 창! 전머양? 워 커이 땅 추스 마?
来~ 你尝一尝！怎么样？我可以当厨师吗？

하하 비에 추이니우! 워 더 삐아오준 비지아오 앤거!
哈哈 别吹牛！我的标准比较严格！

니 전머 이 츠 판 찌우 리앤홍 러? 라 마?
你怎么一吃饭就脸红了？辣吗？

이디얼 이에 부 라! 하오츠 따오 쿠!
一点儿也不辣！好吃到哭！

문장 익히기 1

쑤이삐앤 쭈어! 씨앙 짜이 쯔지 찌아 이양!
随便坐！像在自己家一样！
Suíbiàn zuò! Xiàng zài zìjǐ jiā yíyàng!
편하게 앉아! 자기 집에 있는 것처럼!

하오 더.
好的。
Hǎo de.
응.

随便 suíbiàn	마음대로 하다
像 xiàng	마치 ~와 같다
自己 zìjǐ	자기, 자신
一样 yíyàng	같다
找 zhǎo	찾다
理想型 lǐxiǎngxíng	이상형

1 마음대로

- '随便 suíbiàn+동사'는 '마음대로(편하게) ~하다'라는 뜻이에요. '随便 suíbiàn'도 '随(따르다)+便(편의)'의 '동사+목적어'로 이루어진 이합동사이기 때문에 목적어는 '随便' 뒤에 올 수 없어요.

편하게 보세요.	随便看。
	Suíbiàn kàn.
마음대로 생각해요.	随便想。
	Suíbiàn xiǎng.
네 마음대로 해.	随你的便。
	Suí nǐ de biàn.

2 마치 ~와 같다

- '像 xiàng+A+一样 yíyàng'은 '마치 A와 같다'라는 의미예요. 간단하게 'A처럼(같이)'으로 풀이할 수 있어요.

난 너 같은 여자 친구를 찾고 싶어.	我想找像你一样的女朋友。
	Wǒ xiǎng zhǎo xiàng nǐ yíyàng de nǚpéngyou.
제 이상형은 우리 엄마 같은 사람이에요.	我的理想型是像我妈妈一样的人。
	Wǒ de lǐxiǎngxíng shì xiàng wǒ māma yíyàng de rén.

단독으로 '随便! Suíbiàn!'이라고 하면, 상황에 따라 '마음대로!' 또는 '아무거나!'라는 의미예요.

| 너 뭐 먹을래? | 你想吃什么? | 아무거나! | 随便! |
| | Nǐ xiǎng chī shénme? | | Suíbiàn! |

문장 익히기

찐티앤 워 웨이 니 쭈어판!
今天我为你做饭!
Jīntiān wǒ wèi nǐ zuòfàn!
오늘은 내가 너를 위해 밥을 할게!

니 커이 치따이 이시아!
你可以期待一下!
Nǐ kěyǐ qīdài yíxià!
너 좀 기대해도 좋아!

와! 니 더 나쇼우차이 스 션머?
哇! 你的拿手菜是什么?
Wā! Nǐ de náshǒucài shì shénme?
와! 너의 자신 있는 요리는 뭐야?

- 为 wèi ~을 위해
- 做饭 zuòfàn 밥을 하다
- 期待 qīdài 기대하다
- 哇 wā 와(감탄)
- 拿手菜 náshǒucài 자신 있는 요리
- 惊喜 jīngxǐ 깜짝 이벤트
- 招牌菜 zhāopáicài 간판 요리

1 전치사 为

- '为 wèi+대상+동사'는 '~을 위해 ~하다'라는 표현이에요. 전치사 '为 wèi'는 '~을 위해' 외에도 '~때문에(因为 yīnwèi)'라는 뜻도 있어요. 함께 알아 두세요.

내가 널 위해 아침 식사를 준비했어.	我为你准备了早点。 Wǒ wèi nǐ zhǔnbèi le zǎodiǎn.
내가 널 위해 깜짝 이벤트를 준비했어.	我为你准备了惊喜。 Wǒ wèi nǐ zhǔnbèi le jīngxǐ.
난 너 때문에 웃고 너 때문에 울어.	我为你笑为你哭。 Wǒ wèi nǐ xiào wèi nǐ kū.

2 좀 ~해도 좋다

- '可以 kěyǐ'는 여기서 조동사로 '해도 좋다', '해도 된다'라는 뜻이고, '동사+一下 yíxià'는 '좀 ~해 보다'라는 뜻이에요. 그래서 '可以 kěyǐ+동사+一下 yíxià'는 '좀 ~해도 좋다'라는 말이에요.

좀 쉬어도 돼요. **你可以休息一下。** Nǐ kěyǐ xiūxi yíxià.

한번 입어 봐도 돼요. **你可以试一下。** Nǐ kěyǐ shì yíxià.

'拿手 náshǒu'는 '자신 있다'라는 뜻이고, '菜 cài'는 '요리'라는 뜻이므로, '拿手菜 náshǒucài'는 '자신 있는 요리'라는 의미예요. 식당의 간판 요리 또는 추천 요리는 '招牌菜 zhāopáicài'라고 해요.

이 식당의 추천 요리는 뭐예요? 这家餐厅的**招牌菜**是什么?
Zhè jiā cāntīng de zhāopáicài shì shénme?

문장 익히기 3

워 쭈이 나쇼우 더 차이 스 차오니앤까오
我最拿手的菜是炒年糕
Wǒ zuì náshǒu de cài shì chǎoniángāo
내가 제일 자신 있는 요리는 떡볶이하고

허 파오차이차오판! 니 츠 구어 마?
和泡菜炒饭! 你吃过吗?
hé pàocàichǎofàn! Nǐ chī guo ma?
김치볶음밥이야! 너 먹어 본 적 있어?

메이 츠 구어! 워 즈 츠 구어 이 츠 카오로우.
没吃过! 我只吃过一次烤肉。
Méi chī guo! Wǒ zhǐ chī guo yí cì kǎoròu.
안 먹어 봤어! 난 불고기만 한 번 먹어 봤어.

炒年糕 chǎoniángāo 떡볶이
泡菜炒饭 pàocàichǎofàn
　　　　　　　　김치볶음밥
次 cì 번(동작을 세는 단위)
烤肉 kǎoròu 불고기
东坡肉 dōngpōròu 동파육
上海 Shànghǎi 상하이(상해)
打电话 dǎ diànhuà 전화를 걸다
读 dú 읽다

1 동량 보어

- 동사 뒤에서 동작의 횟수를 나타내는 말을 '동량 보어'라고 해요.

　나는 한 번 먹어 봤어.　**我吃过一次。**
　　　　　　　　　　　　Wǒ chī guo yí cì.

- 일반 목적어는 동량 보어 뒤에 위치해요.

　나는 동파육을 한 번 먹어 봤어.　**我吃过一次东坡肉。**
　　　　　　　　　　　　　　　　Wǒ chī guo yí cì dōngpōròu.

- 목적어가 인칭 대명사일 때는 동량 보어 앞에 위치해요.

　나는 그녀를 두 번 만난 적 있어.　**我见过她两次。**
　　　　　　　　　　　　　　　　　Wǒ jiàn guo tā liǎng cì.

자주 쓰는 동량사(동작의 횟수를 세는 단위)를 알아 두세요.

次 cì 번(일반적인 동작의 횟수를 셈)	趟 tàng 번(왕복한 횟수를 셈)
전화를 세 번 걸었어요. 打了三次电话。 Dǎ le sān cì diànhuà.	상하이에 한 번 갔어요. 去了一趟上海。 Qù le yí tàng Shànghǎi.
遍 biàn 번(처음부터 끝까지 한 동작의 횟수를 셈)	顿 dùn 끼니/차례(식사나 질책의 횟수를 셈)
두 번 읽었어요. 读了两遍。 Dú le liǎng biàn.	밥 한 끼 먹었어요. 吃了一顿饭。 Chī le yí dùn fàn.

문장 익히기 ❹

라이~ 니 창 이 창! 전머양?
来~ 你尝一尝! 怎么样?
Lái~ Nǐ cháng yi cháng! Zěnmeyàng?
자~ 맛 좀 봐봐! 어때?

워 커이 땅 추스 마?
我可以当厨师吗?
Wǒ kěyǐ dāng chúshī ma?
나 셰프 해도 되겠어?

하하 비에 추이니우! 워 더 삐아오준 비지아오 앤거!
哈哈别吹牛! 我的标准比较严格!
Hāhā bié chuīniú! Wǒ de biāozhǔn bǐjiào yángé!
하하 허풍 떨지 마! 내 기준은 비교적 엄격하다고!

尝 cháng 맛보다
当 dāng 맡다, 담당하다
厨师 chúshī 요리사
哈哈 hāhā 하하(웃음소리)
吹牛 chuīniú 허풍을 떨다
标准 biāozhǔn 표준, 기준
比较 bǐjiào 비교적, 비교하다
严格 yángé 엄격하다
让 ràng 양보하다
模特 mótè 모델
道 dào 문제를 세는 단위
题 tí 문제
眼光 yǎnguāng 안목
高 gāo 높다

1 좀 ~하다

- '동사+一 yi+동사'는 '좀 ~해 보다'라는 뜻으로, '동사+一下 yíxià'와 같은 표현이에요.

좀 비켜 주세요. **让一让。** **让一下。**
　　　　　　　　Ràng yi ràng. Ràng yíxià.

- '当 dāng+직업'은 '~을 하다', '~을 맡다'라는 의미예요. '可以 kěyǐ'는 '~해도 된다'라는 의미이므로, '可以 kěyǐ+当 dāng+직업'은 '~을 해도 된다'라는 표현이죠.

나 모델 해도 되겠어? **我可以当模特吗?**
　　　　　　　　　　Wǒ kěyǐ dāng mótè ma?

2 비교적

- '比较 bǐjiào'는 '비교적'이라는 뜻의 부사로, 긍정도 부정도 아닌 중립적인 감정을 나타내요.

이 문제는 비교적 어려워요. **这道题比较难。**
　　　　　　　　　　　　　Zhè dào tí bǐjiào nán.

그녀의 눈은 비교적 높아요. **她的眼光比较高。**
　　　　　　　　　　　　　Tā de yǎnguāng bǐjiào gāo.

'吹牛 chuīniú'에서 '吹 chuī'는 '불다', '牛 niú'는 '소'인데요. '소를 입으로 분다'라는 뜻이므로 말이 안 되죠. 즉 '허풍떨다'라는 의미예요. 주로 '别吹牛! Bié chuīniú!(허풍 떨지 마!)'라는 표현으로 많이 써요.

문장 익히기 5

니 전머 이 츠 판 찌우리앤홍 러? 라 마?
你怎么一吃饭就脸红了？辣吗？
Nǐ zěnme yì chī fàn jiù liǎnhóng le? Là ma?
너 왜 밥을 먹자마자 얼굴이 빨개져? 매워?

이디얼 이에 부 라! 하오츠 따오 쿠!
一点儿也不辣！好吃到哭！
Yìdiǎnr yě bú là! Hǎochī dào kū!
조금도 안 매워! 눈물 나게 맛있어서 그래!

脸红 liǎnhóng 얼굴이 빨갛다
辣 là 맵다
一点(儿) yìdiǎn(r) 조금
好吃 hǎochī 맛있다
打瞌睡 dǎ kēshuì 졸다
麻烦 máfan 귀찮다, 성가시다
紧张 jǐnzhāng 긴장하다
了解 liǎojiě 알다, 이해하다

1 ~하자마자 ~하다

- '一 yī+A+就 jiù+B'는 'A하자마자 B하다'라는 표현이에요.

저는 책을 보자마자 졸아요.   **我一看书就打瞌睡。**
Wǒ yí kàn shū jiù dǎ kēshuì.

그녀는 술만 마시면 얼굴이 빨개져요.   **她一喝酒就脸红。**
Tā yì hē jiǔ jiù liǎnhóng.

2 조금도 ~하지 않다

- '一点儿 yìdiǎnr+也 yě/都 dōu+不 bù+A'는 '조금도 A하지 않다'라는 표현이에요. 요즘 표현으로 '1도 ~하지 않다'라는 의미죠. '一点儿 yìdiǎnr'에서 '儿'은 생략해도 돼요.

조금도 귀찮지 않아요!   **一点儿也不麻烦！**
Yìdiǎnr yě bù máfan!

조금도 긴장 안 했어!   **一点儿都不紧张！**
Yìdiǎnr dōu bù jǐnzhāng!

- 'A+到哭 dào kū'는 '눈물 날 만큼 A하다'라는 표현이에요. 왕후이는 장난처럼 '눈물 날 만큼 맛있다'라고 말하네요.

나 눈물 날 정도로 행복해.   **我幸福到哭。**
Wǒ xìngfú dào kū.

연인이 내 마음을 몰라줄 때, '넌 나를 조금도 몰라!'라는 표현은 '你一点都不了解我！ Nǐ yìdiǎn dōu bù liǎojiě wǒ!'라고 말해요.

핵심 패턴 연습하기 음원 듣기 11-2

▶ 빈칸에 다양한 표현을 넣어 큰 소리로 연습해 보세요.

뿜뿜 대화 체험하기

➡ 우리말 대본을 참고하여, 아래 영상에서 소리가 빈 부분을 중국어로 말해 보세요.

한국 음식을 만들어 주다

유나: 편하게 앉아! 자기 집에 있는 것처럼!

왕후이: 응.

유나: 오늘은 내가 너를 위해 밥을 할게! 너 좀 기대해도 좋아!

왕후이: 와! 너의 자신 있는 요리는 뭐야?

유나: 내가 제일 자신 있는 요리는 떡볶이하고 김치볶음밥이야! 너 먹어 본 적 있어?

왕후이: 안 먹어 봤어! 난 불고기만 한 번 먹어 봤어.

유나: 자~ 맛 좀 봐봐! 어때? 나 셰프 해도 되겠어?

왕후이: 하하 허풍 떨지 마! 내 기준은 비교적 엄격하다고!

유나: 너 왜 밥을 먹자마자 얼굴이 빨개져? 매워?

왕후이: 조금도 안 매워! 눈물 나게 맛있어서 그래!

쏙쏙 문장 만들기

1. 우리말 대화를 보고, 중국어 문장을 완성해 보세요.

    1) A: 편하게 앉아! 자기 집에 있는 것처럼!

    _____坐! 像_____!

    B: 응.

    _____。

    2) A: 오늘은 내가 너를 위해 밥을 할게!

    今天_____!

    B: 너의 자신 있는 요리는 뭐야?

    你的_____?

2. 주어진 단어를 이용하여, 중국어 문장을 만들어 보세요.

    1) 난 불고기만 한 번 먹어 봤어.

    我 / 烤肉 / 只 / 吃 / 一 / 次 / 过
    wǒ / kǎoròu / zhǐ / chī / yí / cì / guo

    ➡ _____

    2) 너 왜 밥을 먹자마자 얼굴이 빨개져?

    你 / 了 / 就 / 吃 / 饭 / 一 / 脸红 / 怎么
    nǐ / le / jiù / chī / fàn / yì / liǎnhóng / zěnme

    ➡ _____

    3) 조금도 안 매워! 눈물 나게 맛있어서 그래!

    不 / 也 / 一点儿 / 辣 / 哭 / 到 / 好吃
    bú / yě / yìdiǎnr / là / kū / dào / hǎochī

    ➡ _____

정답
1. 1) A: 随便, 在自己家一样 B: 好的 2) A: 我为你做饭 B: 拿手菜是什么
2. 1) 我只吃过一次烤肉。 2) 你怎么一吃饭就脸红了？ 3) 一点儿也不辣! 好吃到哭!

알아 두면 꿀 떨어지는 꿀 표현

중국인과 교류하면서 우리나라의 식문화를 알리고 소개하는 일도 필요하겠죠?
중국인들이 좋아하는 한국 음식을 중국어로 어떻게 말하는지 알아 두세요.
아래 메뉴는 비교적 친한 사이에 편하게 먹을 수 있는 음식들이에요.

삼겹살
五花肉
wǔhuāròu

불고기
烤肉
kǎoròu

비빔밥
拌饭
bànfàn

감자탕
土豆排骨汤
tǔdòupáigǔtāng

부대찌개
部队汤
bùduìtāng

삼계탕
参鸡汤
shēnjītāng

찜닭
炖鸡
dùnjī

치킨
炸鸡
zhájī

냉면
冷面
lěngmiàn

김밥
紫菜包饭
zǐcàibāofàn

비즈니스상 정식으로 대접해야 하는 상황에는 다양한 음식이 나오는 한정식을 추천해요. 단품 요리 하나만 주문하면, 상대가 제대로 대접받지 못했다고 생각할 수 있거든요. 그리고 중국인들은 생선을 날로 먹는 것을 즐기지 않으니, 회를 대접할 때는 상대의 취향을 미리 알아보는 센스가 필요해요.

또한, 우리가 샹차이(고수)를 잘 못 먹는 것처럼 깻잎의 향을 싫어하는 중국인들이 많으니 주의하는 게 좋아요. 그리고 한여름이라도 차가운 물 대신 따뜻한 물이나 차를 준비하는 건 기본이겠죠?

이별을 준비하다

상황 관찰하기

상황 유나가 귀국해야 하는 날이 다가왔어요. 두 사람의 앞날은 어떻게 될까요?

왕후이

유나(로우나)

등장인물

강의 보기

대화 내용 확인하기 · 음원 듣기 12-1

▶ MP3 음원을 들으며 대화 내용과 발음을 확인해 보세요.

스지앤 꾸어 더 쩐 쿠아이 아!
时间过得真快啊!

씨아 거 위에 워 찌우야오 후이구어 러.
下个月我就要回国了。

빠이투어! 니 비에 리카이 워!
拜托! 你别离开我!

메이 빤파. 워 데이 짠스 리카이 니 러.
没办法。我得暂时离开你了。

꾸아이부더 니 쭈이찐 이즈 먼먼부러.
怪不得你最近一直闷闷不乐。

워먼 부 후이 펀쇼우 더. 뚜이 부 뚜이?
我们不会分手的。对不对?

땅란! 루구어 니 뿌 후이라이, 워 찌우 취 자오 니!
当然! 如果你不回来, 我就去找你!

총 쫑구어 따오 한구어,
从中国到韩国,
쭈어 페이찌 따까이 리양 거 시아오스 찌우 넝 따오!
坐飞机大概两个小时就能到!

워 이딩 취!
我一定去!
후이취 쯔호우, 니 야오 짜오꾸 하오 쯔지.
回去之后,你要照顾好自己。

용 웨이씬 바오츠 리앤씨 바!
用微信保持联系吧!

하오 더. 뿌구안 전머양, 워 하이스 헌 셔부더.
好的。不管怎么样,我还是很舍不得。

비에 샹씬 러, 워먼 헌 쿠아이 후이 짜이 찌앤미앤 더!
别伤心了,我们很快会再见面的!

응, 이딩 후이 더!
嗯,一定会的!

문장 익히기 1

스지앤 꾸어 더 쩐 쿠아이 아!
时间过得真快啊!
Shíjiān guò de zhēn kuài a!
시간 진짜 빨리 간다!

씨아 거 위에 워 찌우야오 후이구어 러.
下个月我就要回国了。
Xià ge yuè wǒ jiùyào huíguó le.
다음 달이면 나 귀국해야 해.

빠이투어! 니 비에리카이 워!
拜托! 你别离开我!
Bàituō! Nǐ bié líkāi wǒ!
부탁이야! 날 떠나지 마!

回国 huíguó	귀국하다
拜托 bàituō	부탁하다
离开 líkāi	떠나다
明年 míngnián	내년
岁 suì	살, 세(나이)
月底 yuèdǐ	월말
上市 shàngshì	출시되다
冰箱 bīngxiāng	냉장고

1 곧 ~하려고 하다

- 생활 속에서 자주 하게 되는 말인 '시간 진짜 빨리 간다!'라는 표현은 정도 보어를 써서 표현해 주세요. '时间过得真快啊! Shíjiān guò de zhēn kuài a!'를 풀이하면, '시간이 가는 게 진짜 빠르다!'라는 뜻이에요.

시간이 느리게 가요.   **时间过得很慢。**
Shíjiān guò de hěn màn.

- '곧 ~하려고 하다'라는 표현으로 '快要 kuàiyào~了 le'를 배웠던 것 기억하나요? 앞에 시간사가 있으면 '就要 jiùyào~了 le'로 말해 주세요.

내년이면 서른 살이에요.   **明年就要三十岁了。**
Míngnián jiùyào sānshí suì le.

이번 달 말에 곧 출시됩니다.   **这个月底就要上市了。**
Zhè ge yuèdǐ jiùyào shàngshì le.

2 부탁이야

- '拜托 bàituō'는 '부탁하다'라는 뜻의 동사예요. 부탁하는 대상은 뒤에 말해 주세요.

부탁해요.   **拜托你了。**
Bàituō nǐ le.

냉장고를 부탁해.   **拜托了冰箱。**
(TV 프로그램 제목)   Bàituō le bīngxiāng.

'지난달'은 '上个月 shàng ge yuè', '이번 달'은 '这个月 zhè ge yuè', 다음 달은 '下个月 xià ge yuè'예요.

문장 익히기 ❷

메이 빤파.　워 데이 짠스 리카이 니 러.
没办法。我得暂时离开你了。
Méi bànfǎ. Wǒ děi zànshí líkāi nǐ le.
어쩔 수 없어. 나 잠시 널 떠나야 해.

꾸아이부더 니 쭈이찐 이즈　먼먼부러.
怪不得你最近一直闷闷不乐。
Guàibude nǐ zuìjìn yìzhí mènmènbúlè.
어쩐지 너 요즘 계속 시무룩하더라.

办法 bànfǎ　방법
暂时 zànshí　잠깐, 잠시
怪不得 guàibude　어쩐지
一直 yìzhí　곧바로, 계속해서
闷闷不乐 mènmènbúlè
　　　　마음이 답답하고 울적하다
断货 duànhuò　동나다(품절되다)
拨打 bōdǎ　(전화를) 걸다
电话 diànhuà　전화
无法 wúfǎ　방법이 없다
接通 jiētōng　연결되다

1 잠시

- '没办法 méi bànfǎ'에서 '没 méi'는 '없다', '办法 bànfǎ'는 '방법'이라는 뜻이에요. '방법이 없다', 즉 '어쩔 수 없다'라는 의미죠. '我得暂时离开你了。Wǒ děi zàishí líkāi nǐ le.'에서 '得'는 구조 조사가 아니라 조동사 '~해야 한다'라는 뜻이므로 'děi'라고 읽어야 해요. '暂时 zàishí'는 명사로 '잠깐', '잠시'라는 의미예요.

일시 품절.
(쇼핑몰에서)
暂时断货。
Zànshí duànhuò.

지금 거신 전화는 잠시 연결할 수 없습니다.
(전화했을 때 나오는 음성 메시지)
您拨打的电话暂时无法接通。
Nín bōdǎ de diànhuà zànshí wúfǎ jiētōng.

2 어쩐지

- '怪不得 guàibude'는 부사로 '어쩐지'라는 의미예요. '难怪 nánguài'도 같은 뜻으로 자주 쓰이는 표현이니 함께 알아 두세요. '一直 yìzhí'는 부사로 '계속'이라는 뜻이고, 성어 '闷闷不乐 mènmènbúlè'는 '울적하다', '시무룩하다'라는 표현이에요.

어쩐지 너 요즘 계속 안색이 안 좋더라.
怪不得你最近一直脸色不好。
Guàibude nǐ zuìjìn yìzhí liǎnsè bù hǎo.

성어 '闷闷不乐 mènmènbúlè'에서 '闷 mèn'은 '답답하다'라는 뜻이고, '乐 lè'는 '즐겁다'라는 뜻이에요. 풀이하면 '답답하고 즐겁지 않다'라는 의미죠.

문장 익히기 ③

워먼 부 후이 펀쇼우 더. 뚜이 부 뚜이?
我们不会分手的。对不对?
Wǒmen bú huì fēnshǒu de. Duì bu duì?
우리는 헤어지지 않을 거야. 그렇지?

땅란!
当然!
Dāngrán!
당연하지!

루구어 니 뿌 후이라이, 워 찌우 취 자오 니!
如果你不回来, 我就去找你!
Rúguǒ nǐ bù huílái, wǒ jiù qù zhǎo nǐ!
만약에 네가 돌아오지 않으면, 내가 널 찾으러 갈 거야!

回来 huílái　돌아오다
嫉妒 jídù　질투하다
放弃 fàngqì　버리다, 포기하다

1 정반 의문문

- '对 duì'는 형용사로 '맞다'라는 의미예요. '对不对? duì bu duì?'는 '맞아? 안 맞아?', 즉 '맞지?'라고 물어보는 말이에요. 동사나 형용사의 긍정과 부정을 나란히 놓아 정반 의문문을 만들 때 2음절 동사나 형용사는 'A(B)+不 bu+AB?' 형식으로 물어요.

그녀는 예뻐, 안 예뻐?　**她漂(亮)不漂亮?**
　　　　　　　　　　Tā piào(liang) bu piàoliang?

너 질투해, 안 해?　**你嫉(妒)不嫉妒?**
　　　　　　　　　Nǐ jí(dù) bu jídù?

2 만약에 ~라면

- '如果 rúguǒ'는 '만약'이라는 뜻이죠? '如果 rúguǒ+A, 就 jiù+B'는 '만약 A라면, (곧) B하다'라는 표현이에요.

만약 당신에게 여자 친구가 있다면, 저는 포기할게요.　**如果你有女朋友, 我就放弃。**
　　　　　　　　　　　　　　　　　　　　　　　Rúguǒ nǐ yǒu nǚpéngyou, wǒ jiù fàngqì.

'回来'의 원래 발음은 'huílái'지만, 실제 회화에서 중국인들은 뒤 음절을 경성으로 발음하기도 해요.

문장 익히기 4

총 쫑구어 따오 한구어,
从中国到韩国，
Cóng Zhōngguó dào Hánguó,
중국에서 한국까지,

쭈어 페이찌 따까이 리양 거 시아오스 찌우 넝 따오!
坐飞机大概两个小时就能到！
zuò fēijī dàgài liǎng ge xiǎoshí jiù néng dào!
비행기를 타면 대략 두 시간이면 도착해!

워 이딩 취! 후이취 쯔호우, 니 야오 짜오꾸 하오 쯔지.
我一定去！回去之后，你要照顾好自己。
Wǒ yídìng qù! Huíqù zhīhòu, nǐ yào zhàogù hǎo zìjǐ.
내가 꼭 갈게! 돌아가서, 너 몸 잘 챙겨야 해.

飞机 fēijī 비행기
大概 dàgài 대략
能 néng ~할 수 있다
之后 zhīhòu ~후, ~뒤
首尔 Shǒu'ěr 서울
釜山 Fǔshān 부산
地铁 dìtiě 지하철

1 ~부터 ~까지

- '**从** cóng+A+**到** dào+B'는 'A부터 B까지'라는 표현이에요. 장소와 시간에 모두 쓸 수 있어요.

서울에서 부산까지 시간이 얼마나 걸려요?　**从首尔到釜山要多长时间？**
　　　　　　　　　　　　　　　　　　　Cóng Shǒu'ěr dào Fǔshān yào duōchángshíjiān?

아침부터 저녁까지 계속 일해요.　**从早上到晚上一直工作。**
　　　　　　　　　　　　　　　Cóng zǎoshang dào wǎnshang yìzhí gōngzuò.

- '**坐** zuò+교통수단+**大概** dàgài+시간+**就能到** jiù néng dào'는 '~을 타면 대략 ~이면 도착해요'라는 표현이에요.

지하철을 타면 대략 십 분이면 도착해요.　**坐地铁大概十分钟就能到。**
　　　　　　　　　　　　　　　　　　Zuò dìtiě dàgài shí fēnzhōng jiù néng dào.

2 결과 보어 好

- '**照顾好** zhàogù hǎo'에서 '好'는 '잘하다', '다 하다'라는 뜻의 결과 보어로 쓰였어요.

저 준비가 다 됐어요!　**我准备好了！**
　　　　　　　　　　Wǒ zhǔnbèi hǎo le!

'시각'과 '시간의 양'을 나타내는 말을 잘 구별하세요. 2시는 '两点 liǎng diǎn'이고, '두 시간'은 '两个小时 liǎng ge xiǎoshí'예요. 시각을 나타내는 '분'은 '分 fēn'이고, 시간의 양을 나타내는 '분'은 '分钟 fēnzhōng'이에요.

문장 익히기 5

용 웨이씬 바오츠 리앤씨 바!
用微信保持联系吧!
Yòng wēixìn bǎochí liánxì ba!
위챗으로 계속 연락하자!

하오 더. 뿌구안 전머양, 워 하이스 헌 셔부더.
好的。不管怎么样，我还是很舍不得。
Hǎo de. Bùguǎn zěnmeyàng, wǒ háishi hěn shěbude.
응. 어쨌든, 난 그래도 섭섭해.

微信 wēixìn	위챗
保持 bǎochí	유지하다
不管 bùguǎn	관계없이
还是 háishi	아직도, 여전히
舍不得 shěbude	아쉽다, 섭섭하다
视频 shìpín	동영상
条件 tiáojiàn	조건
发 fā	보내다

1 ~로 ~하다

- '用微信保持联系吧! Yòng wēixìn bǎochí liánxì ba!'에서 '用 yòng+A+동사'는 'A로 ~하다'라는 표현이에요. '위챗으로 연락을 유지하자!', 즉 '위챗으로 계속 연락하자!'라는 말이에요.

휴대폰으로 영상을 봐요.　**用手机看视频。**
　　　　　　　　　　　Yòng shǒujī kàn shìpín.

2 어쨌든

- '不管怎么样 bùguǎn zěnmeyàng'에서 '不管 bùguǎn'은 '~에 관계없이'이고, '怎么样 zěnmeyàng'은 '어떠한가'라는 뜻이므로, 합하면 '어떠한가에 관계없이', 즉 '어쨌든'이라는 의미죠. '不管+A+怎么样'의 형식을 쓴 'A가 어떻든'이라는 표현도 자주 써요.

어쨌든, 난 여전히 네가 좋아.　　　**不管怎么样, 我还是很喜欢你。**
　　　　　　　　　　　　　　　　Bùguǎn zěnmeyàng, wǒ háishi hěn xǐhuan nǐ.

네 조건이 어떻든, 난 너한테 시집갈거야.　**不管你条件怎么样, 我都要嫁给你。**
　　　　　　　　　　　　　　　　　　　Bùguǎn nǐ tiáojiàn zěnmeyàng, wǒ dōu yào jià gěi nǐ.

아하!

- 일상에서 많이 하는 말인 '나한테 카톡 보내.', '전화해.'라는 표현도 함께 알아 두세요.

나한테 카톡 보내.　**给我发kakaotalk。**　　　나한테 전화해.　**给我打电话。**
　　　　　　　　　Gěi wǒ fā kakaotalk.　　　　　　　　　　　Gěi wǒ dǎ diànhuà.

- '舍不得 shěbude'는 '(헤어지기) 아쉽다'라는 뜻인데요. '~하기 아깝다'라는 의미도 있어요.

그는 돈 쓰는 걸 아까워해.　**他很舍不得花钱。**
　　　　　　　　　　　　　Tā hěn shěbude huāqián.

문장 익히기 6

비에 샹씬 러,
别伤心了,
Bié shāngxīn le,
슬퍼하지 마,

워먼 헌 쿠아이 후이 짜이 찌앤미앤 더!
我们很快会再见面的!
wǒmen hěn kuài huì zài jiànmiàn de!
우리 금방 다시 만나게 될 거야!

응, 이딩 후이 더!
嗯，一定会的!
Èng, yídìng huì de!
응, 꼭 그럴 거야!

伤心 shāngxīn 슬퍼하다
见面 jiànmiàn 만나다
嗯 èng 응, 그래
学到 xuédào 배우다, 습득하다
美女 měinǚ 미녀, 미인
厌倦 yànjuàn 질리다, 싫증 나다
下次 xiàcì 다음번

1 금방 ~할 것이다

- '会 huì~的 de'는 '~할 것이다'라는 의미죠? '很快会 hěn kuài huì~的 de'는 '금방 ~하게 될 거야'라는 뜻이에요.

넌 금방 배울 거야.	你很快会学到的。 Nǐ hěn kuài huì xuédào de.
이 색깔은 금방 질릴 거야.	这个颜色很快会厌倦的。 Zhè ge yánsè hěn kuài huì yànjuàn de.

2 부사 再

- '再 zài'는 '다시', '또'라는 뜻인데요. 주로 미래에 다시 일어날 수 있는 상황을 말할 때 쓰이는 부사예요.

다음에 또 오세요!	下次再来吧! Xiàcì zài lái ba!
나 다시는 걔랑 안 만나!	我再也不跟他在一起了! Wǒ zài yě bù gēn tā zài yìqǐ le!

부사 '再 zài'는 '又 yòu'와 비교해서 알아 두세요. '又 yòu'는 이미 했던 동작을 반복했을 때 사용해요.

저 또 왔어요! 我又来了!
Wǒ yòu lái le!

너 또 걔랑 만나? 你又跟他在一起了?
Nǐ yòu gēn tā zài yìqǐ le?

핵심 패턴 연습하기 음원 듣기 12-2

→ 빈칸에 다양한 표현을 넣어 큰 소리로 연습해 보세요.

어쩐지 너 요즘 ~ 하더라
怪不得你最近　　　。
Guàibude nǐ zuìjìn

- 垂头丧气 chuítóusàngqì 의기소침하다
- 长胖了 zhǎngpàng le 살쪘다
- 瘦了 shòu le 살 빠졌다
- 变漂亮了 biàn piàoliang le 예뻐졌다
- 皮肤不好 pífū bù hǎo 피부가 안 좋다

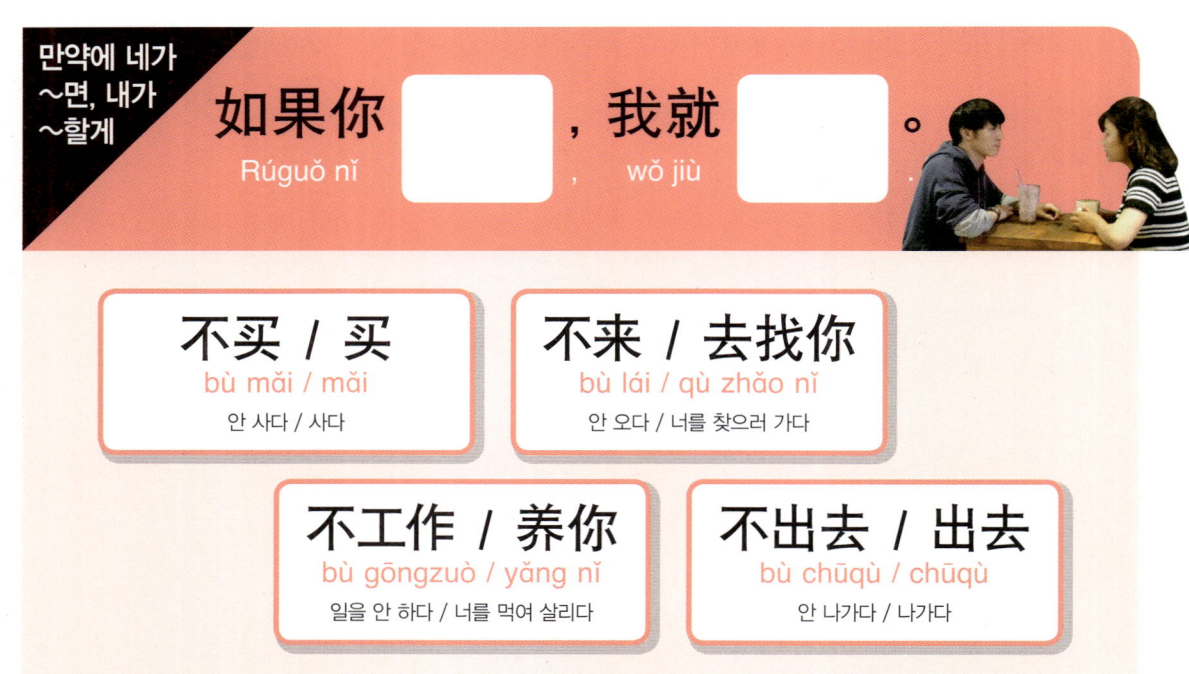

만약에 네가 ~면, 내가 ~할게
如果你　　　, 我就　　　。
Rúguǒ nǐ , wǒ jiù

- 不买 / 买 bù mǎi / mǎi 안 사다 / 사다
- 不来 / 去找你 bù lái / qù zhǎo nǐ 안 오다 / 너를 찾으러 가다
- 不工作 / 养你 bù gōngzuò / yǎng nǐ 일을 안 하다 / 너를 먹여 살리다
- 不出去 / 出去 bù chūqù / chūqù 안 나가다 / 나가다

~을 타면 대략 ~이면 도착해요

坐 ☐ 大概 ☐ 就能到。
Zuò　　　dàgài　　　jiù néng dào.

- 车 / 一个小时
  chē / yí ge xiǎoshí
  차 / 한 시간

- 公交车 / 四十分钟
  gōngjiāochē / sìshí fēnzhōng
  버스 / 40분

- 出租车 / 二十分钟
  chūzūchē / èrshí fēnzhōng
  택시 / 20분

어쨌든 난 여전히 ~해요

不管怎么样我还是 ☐ 。
Bùguǎn zěnmeyàng wǒ háishi

- 很烦
  hěn fán
  짜증 나다

- 很饿
  hěn è
  배고프다

- 很生气
  hěn shēngqì
  화나다

- 很幸福
  hěn xìngfú
  행복하다

- 很开心
  hěn kāixīn
  즐겁다

뿜뿜 대화 체험하기

➡ 우리말 대본을 참고하여, 아래 영상에서 소리가 빈 부분을 중국어로 말해 보세요.

이별을 준비하다

유나: 시간 진짜 빨리 간다! 다음 달이면 나 귀국해야 해.

왕후이: 부탁이야! 날 떠나지 마!

유나: 어쩔 수 없어. 나 잠시 널 떠나야 해.

왕후이: 어쩐지 너 요즘 계속 시무룩하더라.

유나: 우리는 헤어지지 않을 거야. 그렇지?

왕후이: 당연하지! 만약에 네가 돌아오지 않으면, 내가 널 찾으러 갈 거야!

유나: 중국에서 한국까지 비행기를 타면 대략 두 시간이면 도착해!

왕후이: 내가 꼭 갈게! 돌아가서, 너 몸 잘 챙겨야 해.

유나: 위챗으로 계속 연락하자!

왕후이: 응. 어쨌든, 난 그래도 섭섭해.

유나: 슬퍼하지 마, 우리 금방 다시 만나게 될 거야!

왕후이: 응, 꼭 그럴 거야!

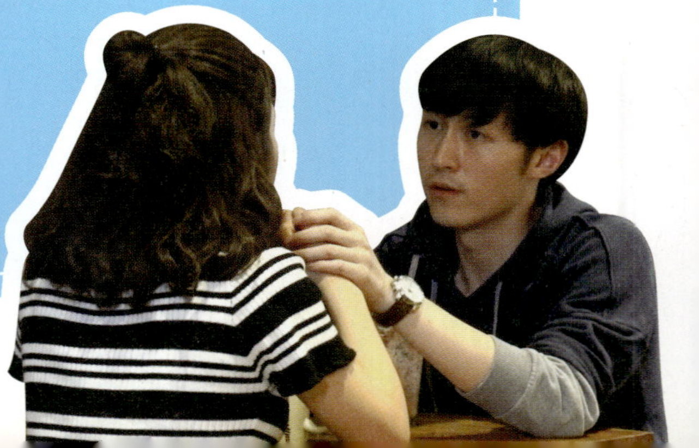

쓱쓱 문장 만들기

1. 우리말 대화를 보고, 중국어 문장을 완성해 보세요.

   1) A: 다음 달이면 나 귀국해야 해.

      下个月_____。

      B: 부탁이야! 날 떠나지 마!

      _____! 你_____!

   2) A: 우리는 헤어지지 않을 거야.

      我们_____。

      B: 당연하지!

      _____!

2. 주어진 단어를 이용하여, 중국어 문장을 만들어 보세요.

   1) 나 잠시 널 떠나야 해.

      我 / 暂时 / 你 / 离开 / 得 / 了
      wǒ   zànshí   nǐ   líkāi   děi   le

      ➡ _____

   2) 만약에 네가 돌아오지 않으면, 내가 널 찾으러 갈 거야!

      你 / 回来 / 不 / 如果 / 就 / 我 / 你 / 找 / 去
      nǐ   huílái   bù   rúguǒ   jiù   wǒ   nǐ   zhǎo   qù

      ➡ _____

   3) 너 몸 잘 챙겨야 해.

      你 / 自己 / 照顾 / 好 / 要
      nǐ   zìjǐ   zhàogù   hǎo   yào

      ➡ _____

정답 1. 1) A: 我就要回国了 B: 拜托, 别离开我 2) A: 不会分手 B: 当然
2. 1) 我得暂时离开你了。 2) 如果你不回来, 我就去找你! 3) 你要照顾好自己。

알아 두면 꿀 떨어지는 꿀 표현

유나와 왕후이는 헤어지지 않겠죠?
하지만, 연인 사이에 이별은 언제든 일어날 수 있는 일!
헤어질 때는 중국어로 뭐라고 해야 할까요?

우린 안 맞아.
我们不合适。
Wǒmen bù héshì.

우리 서로 시간을 좀 갖자.
我们都给对方一点时间。
Wǒmen dōu gěi duìfāng yìdiǎn shíjiān.

우리 헤어지자.
我们分手吧。
Wǒmen fēnshǒu ba.

우리 여기까지 하자.
我们到此为止吧。
Wǒmen dàocǐwéizhǐ ba.

우리 끝내자.
我们结束吧。
Wǒmen jiéshù ba.

넌 나보다 더 좋은 사람 만날 거야.
你会遇到比我更好的人。
Nǐ huì yùdào bǐ wǒ gèng hǎo de rén.